Marvie Inv. et Sc.

Pars étrevien vainqueur.

Act. IV. Sc. VIII.

ARMINIUS,

TRAGÉDIE;

ou

ESSAI

SUR

LE THEATRE ALLEMAND,

Par M. BAUVIN,

De la Société Littéraire d'Arras.

A AMSTERDAM,

Et se trouve

A PARIS,

Chez NICOLAS-AUGUSTIN DELALAIN,
Libraire, rue Saint-Jacques.

M. DCC. LXIX.

AVERTISSEMENT.

DES Traductions élégantes & fidelles nous ont mis à portée de goûter ce que l'Allemagne, dans la Littérature, a produit de plus excellent en différens genres; mais une des plus belles & des plus importantes parties de la Littérature, c'est la Poësie dramatique; & personne jusqu'aujourd'hui n'a rien fait pour nous faire connaître à quel point de perfection le THEATRE ALLEMAND est parvenu, ou à quel dégré de faiblesse il est resté.

C'est une mine que nous avons négligé d'exploiter. J'ai osé y fouiller; & j'en ai tiré le morceau que je présente aux Amateurs de la Scene. C'est à eux de juger sur cet échantillon, & de dire si cette mine leur paraît assez précieuse pour mériter d'être travaillée. S'ils décident qu'elle en vaut la peine, mais que le premier Entrepreneur n'a pas su en tirer parti, j'aurai du moins la satisfaction de me joindre à eux pour encourager une main plus habile à poursuivre ce que j'ai commencé.

M. *Schlégel* est l'Auteur original dont j'ai tâché de rendre les grands traits, sans m'asservir cependant à le suivre ni dans la conduite ni dans les détails de cette Tragédie, qui a eu, & qui a encore un grand succès en Allemagne. La réputation de cet ouvrage a engagé Frederic V, Roi de Dannemarck, à atirer l'Auteur dans fes Etats, où il eft mort à la fleur de fon âge, honoré des regrets d'un grand Monarque qui l'avait comblé de bienfaits.

Je n'expoferai point ici les raifons qui m'ont déterminé à m'écarter de mon Auteur, & à faire des changemens confidérables. On trouvera à la fin de cette Tragédie une Traduction Littérale du premier acte de l'ARMINIUS de M. *Schlégel*; d'après cette Traduction on pourra fe faire une idée d'une partie de ces changemens & juger s'ils font bien fondés.

Si le Public daigne acueillir cet effai, il fera bientôt fuivi de quelques autres piéces, fidélement traduites en profe, qui donneront une idée plus étendue du Théâtre Allemand que je me propofe de faire connaître.

Je me fuis affocié un Profeffeur en Langue Allemande à l'Ecole Royale Militaire, M. Cappler, qui connaît parfaitement le Théâtre dont nous nous propofons de tranfmettre les beautés dans la Langue Françaife.

ARMINIUS,
TRAGÉDIE
Tirée du Théâtre Allemand.

PERSONNAGES.

SÉGISMAR,   Prince Chérusque.

ARMINIUS,
FLAVIUS,   } fils de Ségismar.

ADELINDE,   Princesse Chérusque.

THUSNELDE, fille
SIGISMOND, fils.   } d'Adelinde.

GISELE,   } Compagne de Thus-
          nelde.

VARUS,   Général d'Auguste,

MARCUS,   Officier de Varus.

UN OFFICIER,   Chérusque.

CATES,
CHAUQUES,   } Alliés des Chérusques
BRUCTERES,

Troupe de Chérusques.
Troupe de Romains.

La Scene est dans un bois sacré des Chérusques.

ARMINIUS,
TRAGEDIE.

ACTE PREMIER.

On voit fur un des côtés du Théâtre, qui repré-
fente une Forêt, deux grandes Statues d'un
goût barbare, & autour de ces Statues des
Armures antiques attachées à des troncs
d'arbres; dans l'enfoncement, à travers les
feuillages, on entrevoit quelques cabanes.

SCENE PREMIERE.

MARCUS, FLAVIUS.

FLAVIUS, *en confidérant Marcus qui fe trouve fur la*
Scene, quand on leve la toile.

Oui, c'eft lui, c'eft Marcus, dont l'amitié fidele
A fait pour moi dans Rome éclater tant de zele.
Son afpect qui fufpend mes ennuis, mes foupirs,

Réveille dans mon cœur les plus doux souvenirs.
　　(*Il s'approche de Marcus.*)
O généreux Romain !

MARCUS.

Ah ! Prince.

FLAVIUS.

C'est moi - même.

MARCUS.

Quelle heureuse rencontre !

FLAVIUS.

Ah ! ma joie est extrême,
Je ne m'attendais pas à te voir dans ces lieux,
Dont l'aspect affligeant doit rebuter tes yeux.
Eh quoi ! de nos forêts Marcus vient fouler l'herbe !
Comment a-t-il quité cette Ville superbe,
La demeure du goût, l'azile des beaux Arts,
Qui du reste du monde atire les regards ?
Dans ce climat sauvage & toujours plein d'allarmes,
D'un séjour policé je regrete les charmes.
Parmi nous, tu le vois, tout est barbare, affreux.
Tu cherches vainement dans ces bois ténébreux,
Quelque image de Rome ; ah ! rien ne la retrace.
Sans le secours de l'art, la nature est sans grace.

MARCUS.

Ces lieux sont assez beaux, si j'y trouve un ami.

FLAVIUS.

Peut-être en ce moment suis-je ton ennemi !

MARCUS.

Ennemi ! que dis-tu ?

FLAVIUS.

Tu fçais fi je dois l'être ;
Si je dois oublier les bienfaits de ton Maître ,
Qu'il n'a verfés , dit-on , fur mon frere & fur moi ,
Que pour mieux nous féduire & tenter notre foi.
Je ne balance point entre eux & ma patrie ;
J'aime fa liberté , malgré fa barbarie.
J'ai cru dans les Romains que l'on nomme fi grands ,
Voir fes Légiflateurs & non pas fes tyrans.
Et Rome cependant veut , dit-on , rendre efclave
Le Chérufque , il eft vrai , groffier , mais libre & brave.

MARCUS.

Non , Rome le connoit , l'eftime & va l'aimer.

FLAVIUS.

Mais mon pere hait Rome & ne peut l'eftimer.

MARCUS.

Eh ! pourquoi ? depuis quand ?

FLAVIUS.

Depuis qu'elle eft injufte ,
Et que reconnoiffant un Maître dans Augufte ,
Rome , pour effacer la honte de fes fers ,
Veut fous le même joug enchaîner l'univers.
Cette efclave ofe ici parler en Souveraine.
De mon pere , voilà ce qui caufe la haine.
Il craint tout de Varus.

MARCUS.

De Varus , dont les foins
Du Peuple chaque jour préviennent les befoins ;
Et qui , pour épuifer dans ces triftes contrées
La fource des malheurs où tu les vois livrées ,

A iij

De nos arts, de nos loix, aporte les fecours !
Que veut donc Ségifmar ? fe plaindra-t'il toujours ?

FLAVIUS.

Ces arts, ces loix, dit-il, menent à l'efclavage.
Il veut que ce climat refte libre & fauvage.

MARCUS.

Il veut ! ignore-t-il que d'autres Citoyens,
Touchés du vrai bonheur qu'affurent ces liens,
Veulent fixer chez eux de fi grands avantages,
Et font prêts d'abjurer leurs barbares ufages ?

FLAVIUS.

Je les abjurerais peut-être le premier,
Sans l'afpect d'un Préteur qui devient trop altier.
Tandis que fon orgueil infultant ces Provinces,
Cite à fon Tribunal les Peuples & les Princes,
Me fiérait-il, Marcus, d'adopter aujourd'hui
Ces loix qu'on doit aimer pour elles, non pour lui.
Au mépris du traité que nous avons pour gage,
Que fait-il dans ce camp qui caufe tant d'ombrage ;
Qu'il jura de quitter, quand de vos Alliés
Les troubles avec nous feraient pacifiés.
De nos divifions les fureurs font paffées,
Il a vu dans nos champs nos troupes difperfées ;
Tous nos chefs avec joie ont rempli leurs fermens :
Et Varus infidele à fes engagemens,
Campe dans nos marais, & pour comble d'outrages,
Il ofe dans fon camp retenir nos ôtages.

MARCUS.

Aprens qu'il les renvoie, & qu'ils font fatisfaits.
D'Augufte Sigifmond accepte les bienfaits ;
Et Thufnelde fa fœur, ...

FLAVIUS.

Thusnelde! revient-elle ?

MARCUS.

Dans tes regards troublés quelle flâme étincelle ?
Tes yeux sont pleins du feu que respire un amant.
Tu l'aimes.

FLAVIUS.

Dans mes yeux, quoi, tu lis mon tourment?
Ah! puisqu'ils ont trahi le secret de mon ame,
Ma bouche vainement démentirait ma flame.
Oui, j'aime; je nourris un amour malheureux,
Qui trompe l'amitié d'un frere généreux.
Cette même Thusnelde, à mon frere promise,
Est l'objet de ce feu qu'il faut que je déguise.
Quel douloureux moment! Ah! Marcus, dans ces lieux,
Avec l'aveu d'un pere, en présence des Dieux,
Tous deux se sont jurés d'éternelles tendresses.
Les cruels m'ont rendu témoin de leurs promesses!
Ils laissent éclater leur joie & leur amour;
Et mes sombres chagrins n'osent paraître au jour!
Je chéris les Romains que mon pere déteste;
Et mon frere dans moi trouve un rival funeste.
Thusnelde, Arminius, vos jours trop fortunés,
A troubler tous les miens seraient-ils destinés ?
Que dirait Ségismar, si son cœur magnanime,
Dans le cœur de son fils, voyait ce nouveau crime?
S'il pouvait soupçonner que ce fils enflammé. . . . . .

MARCUS.

Il te condamnera, s'il n'a jamais aimé;
Mais peut-il de l'amour ignorer la puissance ?

A iv

FLAVIUS

A Rome, cher Marcus, je fais comme l'on penfe.
Cet amour eft pour vous un Maître tout puiffant;
Pour nous c'eft un efclave aveugle, obéiffant.
Il commande à vos Dieux: barbares que nous fommes,
On ne veut pas ici qu'il commande à des hommes.
Et le cœur des Germains à la haine lié,
A la vengeance ouvert, fe ferme à l'amitié.
Varus dont la priere aujourd'hui les raffemble,
Croit les gagner fans peine; il fe trompe. Qu'il tremble.
Sa main prépare un joug qu'ils jurent de brifer;
C'eft l'unique intérêt qui les peut maîtrifer.
Et moi, je refte faible, en vain je les contemple;
J'admire & je ne peux imiter leur exemple;
J'éprouve tous les maux que l'amour fait fouffrir;
Je le crains, je l'abhorre, & me laiffe attendrir!

MARCUS.

Écoute, Flavius, & que ton trouble ceffe.
Mes foins pourront te faire obtenir la Princeffe.

FLAVIUS.

Quoi! tout dans mon amour confpire à m'égarer!

MARCUS.

Sans crime maintenant tu le peux déclarer.
Au rang de tes rivaux ne compte plus ton frere;
Il afpire à la fille en méprifant la mere.
Et la mere indignée a rompu cet hymen
Qu'elle avait réfolu fans un mûr examen.
Ce fut pour éluder l'effet de fa promeffe,
Qu'Adelinde en ôtage envoya la Princeffe.
Thufnelde, Arminius ont perdu tout efpoir.

Ta paſſion n'eſt plus contraire à ton devoir ;
Et tu peux t'y livrer.

FLAVIUS.

Moi ! ſur quelle aſſurance. . . .

MARCUS.

Je ne t'éblouis pas d'une vaine eſpérance,
Je connais Adelinde , & c'eſt trop te céler
Que je l'atens ici , que je vais lui parler.
Je crois avoir aſſez d'empire ſur ſon ame ,
Pour la déterminer en faveur de ta flâme.
Va , laiſſe à l'amitié le ſoin de ton amour.
Je t'inſtruirai de tout avant la fin du jour.

SCENE II.

MARCUS *ſeul.*

DES projets que Varus depuis long-tems médite ,
Tout m'annonce aujourd'hui l'heureuſe réuſſite.
Vainement Ségiſmar qui les a préſſentis ,
Croit par Arminius les voir anéantis ;
Le zéle d'un vieillard , l'audace d'un jeune homme ,
Loin de ſuſpendre ici le triomphe de Rome ,
Vont le hâter ſans doute ; & mes diſcours , mes ſoins ,
Les forces d'un Préteur , la ſerviront bien moins
Que les rivalités , les amours & les haines ,
Qui ſignalent par-tout les faibleſſes humaines.
Mais Adélinde vient ; allons la prévenir
Que le Préteur ici ne peut l'entretenir.

SCENE III.

ADELINDE, MARCUS.

MARCUS.

Princesse, mon afpect femble vous interdire.
Vous atendiez Varus ; mais il craint de vous nuire.
Votre feul intérêt l'écarte de ces lieux.
Souffrez que par ma bouche il s'explique à vos yeux.
Varus fur vos avis conçoit les avantages
Qui doivent réfulter du renvoi des ôtages.
Mais vous l'aviez flatté que de vos chefs aigris
Sa douceur aifément apaiferait les cris.
Toutefois vous voyez l'effet de fa priere.

ADELINDE.

Je ne m'attendais pas à leur réponfe altiére
Qui rejete vos Loix pour conferver leur mœurs.
Rien ne peut adoucir leurs farouches humeurs.
Du fier Arminius le pere eft inflexible ;
Sa haine corrompt tout & refte incorruptible.
Elle veille fans ceffe ; & dans tous les efprits
Croit porter fes foupçons, fes fureurs, fes mépris.
Que le Préteur redoute un cœur qui le détefte,
Qui voudrait allumer une guerre funefte.
Avec Varus, dit-il, il faut rompre aujourd'hui.
La guerre n'aurait pas tant de charmes pour lui,
S'il ne fe flatait point d'en voir jaillir la gloire
Sur un fils plein d'audace & né pour la victoire ;
Enfin d'un Général fi l'on faifait le choix,
Il fent qu'Arminius aurait toutes les voix.

MARCUS.

Arminius ! Eh bien , qu'importe qu'on le nomme ;

Oublirait-il le nom de Citoyen de Rome ?
Je l'en ai vu jaloux.

ADELINDE.

Il ferait bien plus vain
De s'entendre nommer Chef du parti Germain.

MARCUS.

Quand Rome offre la paix dans ce coin de la terre ;
Vos chefs oseraient-ils lui préfenter la guerre ?
Voudront-ils fe plonger en des malheurs certains ?

ADELINDE.

Vous ne connaiffez pas ces cœurs durs & hautains ;
Vous êtes dans un camp que leur orgueil outrage ;
Ils méprifent Varus, doutent de fon courage.
Quel emploi, difent-ils, *pour ce grand Général!*
Il érige fa tente en un vil Tribunal ;
Sous le joug de fes Loix, il penfe nous abatre ;
Il ofe nous juger & craint de nous combatre.

MARCUS.

Tandis que fon grand cœur s'occupe à les polir,
Leurs barbares mépris peuvent-ils l'avilir ?
Sa bonté jufqu'ici pour les Germains active,
A contraint fa bravoure à demeurer oifive.
Mais fi c'eft un malheur de les civilifer,
Si ce font des bienfaits qui le font méprifer,
Par d'autres actions il fe fera connaître ;
Eux-mêmes forceront fon courage à paraître.

ADELINDE.

Non, non, il ne faut pas qu'aigri par leurs difcours ;
Varus de fes bienfaits interrompe le cours.
De vos arts précieux qu'il préfente les charmes ;

Ils feront plus puiffans que la force des armes.
Vos bienfaifantes Loix plus que vos légions ,
Sont faites pour domter nos fieres nations ,
Qui toujours en danger, font trop accoutumées,
Aux menaces des camps pour en être allarmées.
Que Varus avec art fape leur liberté ;
Que fon cœur, s'il eft fier , fache que la fierté ,
Commune parmi nous, n'a rien qui nous impofe.
La douceur eft plus rare & pourra quelque chofe.
Qu'il en donne l'exemple , & que l'urbanité
Triomphe par fes foins de la rufticité.

    Oui , Varus en fuivant toujours la même trace ,
Bientôt Maître en ces lieux en changera la face.
Dites-lui que j'ai fu déjà perfuader ,
A des Germains puiffans, jaloux de commander ,
Et dont le zéle feint plaît à la multitude,
Que s'ils font menacés de quelque fervitude ,
Ce ne font pas les foins d'un Préteur généreux,
Mais l'orgueil de leurs chefs qui devient dangereux.
Tout paraît convaincu , que ces chefs font à craindre ;
La multitude émue enfin va les contraindre.
A paraître aujourd'hui dans le camp du Préteur.
Leur dépit parlera fans doute avec hauteur.
Que Varus les arrête ; il eft tems qu'il enchaîne
Ces mortels ennemis de la grandeur Romaine.
Qu'ils difparaiffent tous, & bientôt dans nos bois,
Fleuriront fous mon fils & vos arts & vos loix.

MARCUS.

Rome adopte ce fils , qu'un peu trop tard peut-être
Augufte a décoré du nom de fon grand Prêtre ;
Mais Sigifmond promet, qu'au rang des immortels ,
Augufte paraîtra bientôt fur vos Autels ,

ADELINDE

Il promet! que je crains, hélas! que sa faiblesse
Ne lui fasse bientot rétracter sa promesse !
Contre la dignité dont il est revêtu,
Vous ignorez combien mon fils a combattu.
Ce qu'il a commencé, je doute qu'il l'acheve.
Il est humilié de l'emploi qui l'élevé.
Que je suis malheureuse ! & ma fille & mon fils,
Tous deux semblent s'entendre avec mes ennemis.
Je ne veux que leur gloire, & leurs dédains éclatent
Pour toutes les grandeurs dont mes amis les flatent.

MARCUS.

Leur tendresse pour vous, vous répond de leur foi.

ADELINDE.

Ils ont des préjugés qui causent mon effroi.

MARCUS.

Vous avez un pouvoir qu'ils respectent, qu'ils craignent.
Il faut bien sous vos loix que leurs cœurs se contraignent.
Mais si contre un projet dont vous êtes l'appui,
Vos enfans révoltés s'élevaient aujourd'hui,
J'ose vous annoncer, vous proposer un gendre,
Pour seconder vos vœux, prêt à tout entreprendre.

ADELINDE.

Quel est-il?

MARCUS.

A son nom ; je vais sans doute en vous,
Malgré moi, réveiller un trop juste courroux.
Mais d'un frere il n'a point la rudesse inflexible.
Flavius....

ADELINDE.

Flavius ! ah ! ferait-il poffible ;
Il aimerait Thufnelde !

MARCUS.

Il l'adore.

ADELINDE.

Eh ! pourquoi
Tremble-t-il de paraître aujourd'hui devant moi ?

MARCUS.

Plein d'une paffion qu'il condamne & qu'il aime ,
Il voudrait à fes yeux fe dérober lui-même.

ADELINDE.

Ma fille verra donc enchaînés à fon char,
Ces deux fils fi puiffans , l'efpoir de Ségifmar !
Et l'amour des enfans , qui flate ma colere ,
Va me venger enfin de la haine du pere !
Mais que fais-je ? je laiffe éclater fur mon front
Un fentiment, peut-être & trop vif & trop promt.
Peut-être quand j'efpere affurer ma vengeance ,
Ma fille dans fon cœur détruit mon efpérance.

MARCUS.

D'un cœur tel que le fien c'eft trop vous allarmer.
Je ne vois que vos chefs à craindre , à réprimer.
Dans le camp de Varus , où j'irai les attendre,
Pouvez-vous aujourdhui les contraindre à fe rendre ?

ADELINDE.

Tout , vous-dis-je , contre eux , commence à murmurer.
Il s'éleve un parti dont j'ai fu m'affurer:
Ils iront chez Varus ; du peuple qui balance ,

Il nous faut enchaîner aujourd'hui l'inconſtance.
Nous ſerons en état, s'il venait à changer,
De voir ſon repentir ſans le moindre danger.

MARCUS.

Eh ! bien, c'en eſt aſſez. Rome & vous, outragées,
De vos fiers ennemis ſerez bientôt vengées.
Qu'ils viennent; hâtez-les. Je vais tout aprêter,
Non pour les recevoir, mais pour les arrêter. ——
Le Préteur cependant ne paraît pas tranquille,
Mélo vient de ſortir, dit-on, de ſon azile,
Et ce bruit répandu ſemble trop confirmé.

ADELINDE.

Oui, ce Sicambre altier tant de fois déſarmé,
Contre toute eſpérance a retrouvé des armes,
Et ſonge à vous donner de nouvelles allarmes.
Mélo dans ces cantons a des Agents ſecrets;
A s'unir avec lui pluſieurs chefs ſemblent prêts.
C'eſt à vous d'empêcher cette union fatale;
Et de faire trembler toute cette cabale,
Qui des bienfaits de Rome intercepte le fruit,
Et qui peut . . . Mais qu'entens-je ? & qu'annonce ce bruit ?

MARCUS.

Vos ôtages, qu'enfin une eſcorte romaine,
Par ordre de Varus, dans leurs foyers ramene;
Je dois ici les joindre.

ADELINDE.

     Il faut nous ſéparer,
Sous ce feuillage épais je vais me retirer;
J'obſerverai mon fils, dont la reconnaiſſance
A juſques aujourd'hui fléchi ſous ma puiſſance.
Je doute de ſon cœur; ſon abord en ces lieux

M'inftruira de quel œil il regarde fes Dieux.
Je verrai s'il redoute ou brave leur colere,
Et fi fon front rougit d'une Mitre étrangere.

SCENE IV.

THUSNELDE, GISELLE, SIGISMOND en *Pontife
Romain*, & les autres ôtages efcortés par une Troupe
de Romains. MARCUS, ADELINDE *qui fe
tient écartée.*

THUSNELDE *à l'efcorte.*

N'ALLEZ pas plus avant ; je rends grace à vos foins,
Laiffez - nous maintenant refpirer fans témoins.
De nos Divinités refpectez la préfence.
             (*Marcus fait figne à l'Efcorte de fe retirer*)
(*aux Otages*)
Et vous qui gémiffez d'une fi longue abfence,
Malheureux compagnons de ma captivité,
Vous brûlez de jouir de votre liberté :
Allez, & que nos Dieux enfin plus favorables
Détournent loin de vous des maux fi déplorables.
      (*à Gifelle*)
O ma chere compagne, ô vous qui partagiez,
Nos fecrettes douleurs, & qui les confoliez,
Vous avez un époux, des fils dont la tendreffe
Va faire à vos ennuis fuccéder l'allégreffe,
Il eft tems de vous rendre à leurs empreffements,
Allez tout oublier dans leurs embraffements.
Laiffez-moi, permettez que j'entretienne un frere.
                              (*Marcus fort avec les Otages*)
                                           SCENE,

SCENE V.

THUSNELDE, SIGISMOND, ADELINDE *qui s'avance*
vers ses enfans, sans en être apperçue.

SIGISMOND.

Veux-tu renouveller ma douleur trop amere ?

THUSNELDE.

Rentre dans ton devoir ; ose implorer nos Dieux.

SIGISMOND.

Ah ma sœur, est-ce à moi de m'offrir à leurs yeux ?
Ils écoutent les vœux d'une ame libre & brave ;
Et ton frere n'est plus qu'un lâche, qu'un esclave ?

THUSNELDE.

Des plus nobles vertus ton cœur s'est dépouillé ;
Et d'un vil ornement ton front reste souillé.

SIGISMOND.

Ne croi pas que mon cœur adore la puissance
Du tyran que l'on veut qu'ici ma main encense.
Le pouvoir d'une mere est plus sacré pour moi ;
C'est elle que je crains ... Ah ! grands Dieux, je la voi.

ADELINDE.

Ainsi dans mes enfans la tendresse est éteinte ;
Et mes soins, mes bontés, n'inspirent que la crainte ?

SIGISMOND.

Ah ! ne le croyez pas.

THUSNELDE.

       Lisez mieux dans nos cœurs.
Votre aspect nous ravit & seche enfin nos pleurs.
Mais le Ciel aujourd'hui pour nous si favorable,

B

Aux cris des Citoyens femble être inéxorable,
Ah ! pourquoi, quand il daigne exaucer nos defirs,
D'un Peuple tout entier rejetter les foupirs ?

ADELINDE.

Que ton reffentiment ceffe enfin de les plaindre.
S'ils veulent être heureux, ils n'ont plus rien à craindre.

THUSNELDE.

Non, non, tous leurs dangers ne font pas difparus,
Puifque ma délivrance eft un don de Varus.
C'eft fon mépris pour nous, qui rompt nos triftes chaînes.
Il penfe qu'il n'eft plus d'ames vraiment Germaines.
S'il foupçonnait nos cœurs d'être encor Citoyens,
Varus eût refferré, non brifé nos liens.
Des Princes corrompus les viles déférences,
De leur ambition les lâches efpérances,
Les grands noms confondus avec les plus obfcurs,
Sont pour Rome aujourd'hui des Otages plus fûrs.
Mais j'atens que fon joug, que fon orgueil impie,
Réveillent dans les cœurs la vengeance affoupie ;
J'atens qu'Arminius . . . . .

ADELINDE.

O nom trop odieux !

THUSNELDE.

Eh quoi, ce nom fi grand & fi faint à mes yeux !

ADELINDE.

Nous n'avons plus befoin du féroce courage
D'un Héros orgueilleux qui t'adore & m'outrage.
Il eft des Citoyens plus doux, plus valeureux,
Qui veillent fur ce Peuple & vont le rendre heureux ;
Et fon intérêt veut qu'aujourd'hui ta grande ame,

Maîtreſſe d'elle-même, écoute une autre flâme.
(*à Sigiſmond*)
Et toi, tu fais mes vœux, tu connais ton devoir;
Songe à ton miniſtere, & rempli mon eſpoir.
Le Peuple prévenu dreſſe un autel champêtre . . . .

SIGISMOND.

Auguſte eſt donc un Dieu! Sigiſmond eſt ſon Prêtre!
Croirai-je qu'un Romain, dont le perfide accueil,
Et les proſcriptions ont couronné l'orgueil,
Et qui veut uſurper le reſte de la terre,
Peut envahir le Ciel & lancer le tonnerre?
Ah! ma ſœur, tu frémis!

THUSNELDE.

Eſt-ce à toi, trop inſtruit,
D'annoncer aux Germains un Dieu qui les détruit,
Qui perd tout, pour jouir d'une gloire frivole;
Et pour voir inſulter au pied du Capitole,
A la ſuite d'un char, tous nos héros traînés,
Et de la liberté les Dieux même enchaînés.
Tant de maux marquent-ils la puiſſance céleſte?

SIGISMOND.
Non, c'eſt par des bienfaits qu'elle ſe manifeſte.

ADELINDE.

Eh! quels ſont les bienfaits que répand en ces lieux
La grandeur, la puiſſance imputée à nos Dieux?
Quel bonheur, quelle gloire obtiennent nos prieres,
De ces Divinités agreſtes, meurtrieres,
Dont les adorateurs, d'arts & de loix privés,
Languiſſent dans des champs à peine cultivés?
Rome nous apprend l'art de les rendre fertiles,
D'accoutumer le Peuple à des travaux utiles,

B ij

A d'équitables loix , à des arts bienfaifans ,
Dont la douce influence & les refforts puiffans
Peuvent feuls atirer le bonheur fur nos terres,
Théâtre malheureux des plus fanglantes guerres.
Sachons. les détefter; d'un inflexible orgueil
Reconnaiffons , fuyons le déplorable écueil.
Ah ! préférons la paix & fon doux efclavage
A cette liberté belliqueufe & fauvage,
Qui caufe tant de maux & fait fi peu de biens.
            (*à Sigifmond*)
Sui-moi; j'ai des amis; ils feront tes foutiens.

Fin du premier Acte.

ACTE II.

SCENE PREMIERE.

SÉGISMAR, FLAVIUS.

FLAVIUS.

Vous ne m'écoutez point. Ah! mon pere, eſt-ce en vain
Que Varus nous atend ?

SÉGISMAR.

Mon fils, es-tu Germain ?

FLAVIUS.

Voulez-vous par ce doute acroître ici mes peines ?
N'eſt-ce pas votre ſang qui coule dans mes veines ?

SÉGISMAR.

Répon ; que dit ton cœur ?

FLAVIUS.

Que j'aime mon pays,
Sans ceſſer d'aimer Rome.

SÉGISMAR.

Eh ! bien, tu le trahis.

FLAVIUS.

Moi ! trahir ma Patrie ! ah ! connaiſſez mon zele.

SÉGISMAR.

Qui partage ſon cœur eſt bientôt infidele.
De ton Peuple ou de Rome il faut être ennemi.
Choiſi ; ne ſois pour l'un ni pour l'autre à demi.

B. iij

De la guerre aujourd'hui l'étendart se déploie

FLAVIUS.

A la paix cependant il nous reste une voie.
Voyez Varus.

SÉGISMAR.

J'ai vu la gloire de César,
Ce Romain qui traîna tant de Rois à son char,
Qui vit trembler sous lui la terre & Rome même,
Dont le front méritait peut-être un diadême.
Ah ! c'était un héros qui confond tous les tiens ;
Ils ne sont animés que par la soif des biens :
Mais tout grand qu'il était, quelque terreur profonde,
Que son nom répandît sur le reste du monde.
Assez fort pour nous vaincre & pour nous commander ;
César l'était trop peu pour nous intimider ;
Et nous verrions Varus ! — Dans un tems non moins triste,
Sais-tu ce qu'à César fit dire Arioviste ?
J'irais trouver César, si j'en avais besoin ;
Si César veut me voir, qu'il ait le même soin.
Varus peut s'appliquer cette réponse sage.

FLAVIUS.

Quoi ! vous lui refusez un si léger hommage ?

SÉGISMAR.

Un hommage léger souvent pèse à l'honneur.

FLAVIUS.

Il ne veut qu'affermir notre propre bonheur.

SÉGISMAR.

Qu'importe son dessein dans notre indépendance ?
Varus n'est rien pour nous ; qu'il garde sa prudence.

Je fuis libre ; eft-ce à Rome à juger de mes droits ?

FLAVIUS.

Cefferez-vous de l'être, en adoptant fes loix ?

SÉGISMAR.

Ses loix à nos vertus nous rendraient infidelles ;
Dans fes murs corrompus quel bien produifent-elles ?

FLAVIUS.

J'ai vu Rome ; & le mal n'a pas frapé mes yeux.

SÉGISMAR.

Moi, je ne l'ai pas vue , & je la connais mieux.
Ceffe de l'admirer ; les grandeurs qui lui reftent
Sont autant de fléaux que les Peuples déteftent.

FLAVIUS.

Vous voyez devant vous un fils qui vous chérit ;
Vous connaiffez fon cœur ; inftruifez fon efprit.
Dois-je abhorrer les arts , quand on les calomnie ?
Ils font les alimens & les fruits du génie.
Ce qu'il fait de plus noble , eft-il vil à vos yeux ?
Tout langait fans les arts , tout revit avec eux.
Ils portent l'abondance au fein de la difète ,
Et la tranquillité dans notre ame inquiéte ,
Vous redoutez des arts qui confolant nos cœurs ,
Enrichiraient le Peuple , adouciraient nos mœurs.

SÉGISMAR.

Rome a chéri long-tems ces mœurs que tu condamnes.
Ses fuperbes Palais n'étaient que des cabanes.
Nous fommes maintenant ce qu'elle étoit alors ;
Nous avons fes vertus ; redoutons fes tréfors.
Prends-y garde , en tout tems on a vu l'opulence

A sa suite traîner les arts & la licence ;
Corrompre tous les cœurs au plaisir inclinés ;
Les rendre injustes, vains, lâches, efféminés.
Et le Peuple opulent, tombé dans l'esclavage,
Cherche & ne peut trouver son antique courage.
Telle est Rome ; en perdant ta noble pauvreté,
Comme elle tu perdrais bientôt ta liberté.

FLAVIUS.

Quoi, mon pere insensible aux faveurs les plus rares,
Veut donc que les Germains restent toujours barbares !

SÉGISMAR.

Ce nom n'est pas honteux ; va, n'en sois point blessé,
Qui sait combatre & vaincre, est assez policé.

FLAVIUS.

Rome n'est-elle pas l'école de la terre ?
Qui peut mieux enseigner le grand art de la guerre?

SÉGISMAR.

Tu vantes ses leçons ; mais quel en est le fruit ?
Elle corrompt les cœurs que son savoir instruit ;
Elle énerve le bras qui doit en faire usage ;
Eh ! que sert la science où manque le courage ?

FLAVIUS.

Que nous sert le courage admiré dans nos bois,
Où toutes vos vertus, votre nom, vos exploits,
Restent ensevelis . . . .

SÉGISMAR.

                    C'est assez si mon zele,
Si mon nom est connu de ce Peuple fidele.
Mon devoir & le tien, c'est d'écarter ses fers,

FLAVIUS.

Il eſt doux de ſe faire un nom dans l'univers.

SÉGISMAR.

Es s'il ne voit en toi qu'un lâche, un traître infâme ?

FLAVIUS.

Ah ! mon pere, apaiſez ce grand cœur qui s'enflâme.
Je connais mon devoir ; que ce cœur irrité
Éprouve mon courage & ma fidélité.
Ordonnez, je ſuis prêt.

SÉGISMAR.

    Penſe à quoi tu t'obliges.
Ton frere me conſole, & c'eſt toi qui m'affliges.
Si l'eſpoir d'un grand nom ſuffit pour t'échauffer,
Songe à combatre Rome & ſache en triompher,
C'eſt par là que le tien ſortira des ténebres,
Et deviendra fameux entre les noms célebres.
Ta gloire s'étendra plus loin que tu ne veux,
Et ſera chere encore à nos derniers neveux.
Ne croi pas que ton cœur par une vaine étude
Puiſſe unir l'héroïſme avec la ſervitude ;
Imite la vertu de tes nobles aïeux ;
Défen ta liberté, ton pays & tes Dieux.
Sur-tout ne ſoufre plus qu'un vil Romain t'aborde,
Rome parle de paix, & ſéme la diſcorde.
Prévenons ſes deſſeins ; armons-nous, il eſt temps.

S C E N E I I

ARMINIUS, SÉGISMAR, FLAVIUS.

SÉGISMAR.

APROCHE, Arminius ; vien , c'eſt toi que j'attends.
Écoute ; c'eſt ici , c'eſt dans la ſombre enceinte
De cet antique bois, de cette forêt ſainte ,
Que ton pere a voulu te voir & te parler.
Voici le jour , mon fils , qu'il faut te ſignaler.
Si ton courage eſt grand , ſi les Dieux t'ont fait naître
Pour ſauver ton pays qui ne veut pas de maître ,
Regarde ces héros ; il ſuffit de les voir,
Pour aprendre quel eſt aujourd'hui ton devoir ;
Voi , ſur ces troncs ſacrés , ces armes ſuſpendues ;
De Thuiſton , de Mannus , vien toucher les ſtatues.

> *Ségiſmar s'aproche des ſtatues, Arminius*
> *le ſuit & les touche , ou les embraſſe*
> *avec tranſport.*

Tous deux nous ont tranſmis avec la liberté
L'horreur pour la moleſſe & pour la fauſſeté.
Ce ſont eux dont la force & non pas l'induſtrie
Sut créer , ſoutenir , illuſtrer ta patrie :
Sui le chemin tracé par ces héros fameux ;
Sois libre , juſte , vrai , magnanime comme eux.
Voi quel prix glorieux couronne leur audace.
Leur nom vit ; & le temps a dévoré leur race.
Leur gloire, dont nos jours ſont encor les témoins ,
Tu ne peux l'acquérir , que par les mêmes ſoins.
Rome envain par la force a voulu nous réduire ;
Aujourd'hui par ſes loix elle veut nous ſéduire ;
Mais bientôt ſous leur joug nous ſerions abatus.

Les Romains ont des Loix, n'ayons que des vertus.
Dans ce moment, mon fils, il faut que tu foutiennes
L'efpoir que ton pays a fondé fur les tiennes.
En toi la Germanie a cru voir un héros.
Elle femble oublier fes plus grands généraux ;
Et défirant un chef pour opofer à Rome,
C'eft toi qu'elle diftingue ; & c'eft toi qu'elle nomme.
De prudence & de force, il eft tems de t'armer ;
Les Romains vainement ont cru nous allarmer ;
La nation Chérufque eft encor vertueufe.
Rome n'eft plus, mon fils, qu'injufte & faftueufe ;
Elle eft peu redoutable à des cœurs fans défirs,
Qui dédaignent fes biens, fes grandeurs, fes plaifirs.
Va, nous valons mieux qu'elle ; & tant qu'en ces Provinces
L'ame franche du Peuple animera les Princes,
Tant que nous aimerons notre fimplicité,
Nous verrons parmi nous vivre la liberté.
Tes peres t'ont laiffé ce tréfor en partage,
Fai paffer à tes fils ce fublime héritage.
Libres par nos aïeux nous les béniffons tous ;
Nos fils nous maudiraient efclaves après nous.

       (*en montrant les ftatues*)

Nous pouvons, mes enfans, égaler ces grands hommes ;
Ils étaient Citoyens, & comme eux nous le fommes.
On leur a fait la guerre ; ils ont été vainqueurs ;
Choififfons les exploits que choifiraient leurs cœurs.

ARMINIUS.

Eft-ce leur voix ici qui frape mon oreille ?
Mon pere, c'en eft fait, Arminius s'éveille.
Un nouveau jour m'éclaire, & fait évanouir
L'erreur dont ma jeuneffe aimait à s'éblouir.
Si j'ai quelque courage, en moi c'était un crime.

De l'armer en faveur de Rome qui m'oprime.
C'eſt contre elle aujourd'hui qu'il faut tourner ces mains ;
Et je vais les plonger dans le ſang des Romains,
Dont l'inſolent orgueil ſi digne de nos haines,
Sur le monde effrayé veut étendre ſes chaînes.
Briſons-les ; & du monde aſſurons le repos.
N'eſt-ce pas là le choix que feraient ces héros,
S'ils reſpiraient encor, ſi dans la Germanie,
Ils voyaient triompher Rome & ſa tyrannie . . . .

SÉGISMAR.

Crois-tu que leur courage eût laiſſé des tyrans
Vivre au milieu de nous, juger nos différens ;
Et de nos Citoyens ſe croyant déjà maîtres,
Perdre les vertueux, récompenſer les traîtres !
Venez-nous ſecourir, héros, éveillez-vous ;
Sortez de vos tombeaux ; vivez & ſauvez-nous !

ARMINIUS.

Ah ! mon pere, arrêtez ; laiſſons en paix ces Manes,
Et ne les troublons pas par nos clameurs profanes.
Nous vivons ; devons-nous pour défendre nos jours,
Dans le ſein de la mort mandier des ſecours ?
Nous vivons ; il ſuffit.

SÉGISMAR.

          Dans ce péril extrême
Tu m'éleves, mon fils, au-deſſus de moi-même.
C'eſt en toi que j'eſpere ; embraſſe-moi, mon fils.
J'ai formé ton courage & j'en reçois le prix.
Je diſais, en voyant l'ennemi qui nous brave :
Jeune, j'ai vécu libre ; & vieux, mourrai-je eſclave ?
Non, grace à ton grand cœur, j'atends un ſort plus beau.
Ton pere deſcendra libre dans le tombeau.

(en montrant Flavius)

Dans le camp de Varus, il veut que je me rende.

ARMINIUS.

Quoi! mon pere; iriez-vous?....

SÉGISMAR.

Qui, moi; que je defcende
A cette lâcheté? pour l'orgueil d'un Préteur
Cet hommage, mon fils, deviendrait trop flateur
Et peut-être pour nous il ne ferait qu'un piége.
Me tiendrai-je debout, tandis que fur un fiége,
Il parlerait en maître, & me ferait rougir !
Je ne veux pas plier, c'eſt à lui de fléchir,
A lui, qui maintenant nous montre de l'audace,
Qui change tout-à-coup fa priere en menace.
Le Peuple comme nous fent ce nouvel affront,
Et j'ai vu le courroux écrit fur chaque front.
As-tu vu le Bruétere, & le Chauque & le Cate,
Témoins de cette injure où tant d'orgueil éclate,
Jurer de nous défendre en ce preffant danger;
Les Hommes & les Dieux font prêts à nous venger.
Tout contre les Romains paraît d'intelligence.
Ce jour a vu l'infulte; il verra la vengeance.

ARMINIUS.

Oui, par vous aujourd'hui mon courage animé
Veut être le vengeur de ce Peuple oprimé
Sur mon frere & fur moi fa haine fe repofe;
Qu'il compte fur la nôtre; il va voir ce qu'elle ofe.
Nous remplirons vos vœux; vous verrez vos enfans
Marcher contre Varus, revenir triomphans.
Le Ciel veut un combat fanglant, cruel, mais jufte.
Et Rome de nos coups verra pâlir Augufte.

SÉGISMAR.

Trop d'animofité peut égarer tes coups ;
Le vrai courage éteint ou guide le courroux.
Une valeur féroce à foi-même eft contraire ;
Soufre qu'en ce moment ma prudence t'éclaire ;
Qu'elle guide ta force : & ta force en ce jour,
Mon fils, animera ma prudence à fon tour.
Cependant le temps preffe ; il faut que tu médites
Sur l'ordre d'un combat, dont tu connais les fuites.
Moi, je vais retrouver le Peuple qui m'attend ;
Je lui découvrirai les piéges qu'on lui tend.
On veut l'intimider, on cherche à le féduire ;
Sur fes grands intérêts, c'eft à moi de l'inftruire :
Et c'eft à toi, mon fils, de veiller aujourd'hui
Sur un frere, en qui Rome ici trouve un apui.

SCENE III.

ARMINIUS, FLAVIUS.

FLAVIUS *à part.*

DE honte, de douleur accablé par un pere,
Dois-je encore effuyer les reproches d'un frere !

ARMINIUS.

Je t'entens foupirer ; — tu contemples les Cieux.
D'où vient que mes regards te font baiffer les yeux ?
Quel ennui te dévore ? ah ! parle, fois fincere ;
Apren-moi tes chagrins ; es-tu jaloux d'un frere ?
Le Peuple te chèrit ; tu commandes fous moi ;
Les premiers Citoyens veulent fervir fous toi.
N'es-tu pas fatisfait de cet honneur infigne ?

D'un pofte plus brillant ton cœur fe croit-il digne ?
Si ton rang à tes yeux eft trop peu diftingué,
Je te cede le mien que je n'ai pas brigué.

FLAVIUS.

Eft-ce à moi d'envier la place qui t'eft due ?
Montre moins de grandeur à mon ame abatue.
Ce n'eft pas de ton rang que mon cœur eft jaloux ;
Ah ! d'un pere qui t'aime & frémit de courroux
Au feul nom des beaux arts, & des loix les plus fages,
Tu pourrais adoucir les préjugés fauvages.
Sans eux nous jouirions des charmes de la paix ;
Les horreurs de la guerre . . . . .

ARMINIUS.

     Ont pour moi plus d'attraits.
Mon pays de mon bras exige le fervice,
Je lui dois de mon fang le noble facrifice.

FLAVIUS.

Tu le ferviras mieux, fi tu fais dans ton rang
Lui prodiguer tes foins encor plus que ton fang.
Montre envers les Romains une ame moins aigrie ;
Sachons les imiter ; aimons leur induftrie.
L'éclat de leurs travaux, la fplendeur de leurs arts,
La pompe de leurs jeux, enchantaient tes regards.

ARMINIUS.

Voilà donc tes défirs. Ma jeuneffe trompée,
De leurs jeux, il eft vrai, fut quelquefois frapée.
Quand les crins hériffés, les yeux étincelans,
Des tigres, des lions les terribles élans,
L'immobile fierté, la rage mugiffante,
S'animaient au combat dans l'arene fanglante ;

Quand un couple nerveux d'ardens Gladiateurs
Déchirait par leurs coups l'ame des spectateurs ;
Que sur un char léger volant dans la carriere,
La jeuneffe bouillante en fon ardeur premiere,
Au but victorieux guidait de fiers courfiers :
Tout mon cœur à ces jeux fi nobles, fi guerriers ;
Si dignes de nos mœurs, palpitait d'allégreffe.
Ce n'eft plus à des jeux que mon cœur s'intéreffe.
Le Romain nous invite à voir d'autres combats ;
Il vient nous menacer, & nous fommes foldats.
Eh ! quoi, n'entens-tu pas la liberté qui crie :
Perdez mes ennemis, fauvez votre patrie.

FLAVIUS.

Ah ! ceffe, Arminius, de me faire rougir.
Quand il en fera temps, tu me verras agir,
Ne crain pas que jamais mor courage s'égare ;
Mais je n'ai plus une ame infenfible & barbare.
Ah ! fouvien-toi que Rome en moi voit un Germain ;
Qu'elle a rendu plus grand, plus jufte, plus humain.
Après tant de bienfaits, je n'ai pas la puiffance
De vouloir lui ravir toute reconnaiffance.
J'aime encor les Romains ; & tu les dois aimer,
Ils t'ont comblé d'honneurs, pour te mieux animer
A toutes les vertus qui forment le grand homme ;
Tes titres, ton nom même eft un bienfait de Rome.
Va, tant que cet anneau décorera ta main,
Comme moi tu dois être & Chérufque & Romain.

ARMINIUS.

Moi Romain ! trop long-temps j'eus la honte de l'être.
Abjure ainfi que moi ce nom digne d'un traître.
Je veux rompre à tes yeux mes vains engagemens.

O Dieux,

O Dieux, qui m'écoutez, recevez mes fermens ;
Embrâfez cette main, fi je la pare encore
D'un don qui m'avilit & qui te déshonore.

FLAVIUS.

Rome de fes faveurs n'atendait pas ce prix ;
Mais toutes, les crois-tu dignes de ton mépris ?
Quand elle te renvoie une Amante, une Epoufe,
Dont j'ai cru jufqu'ici ton ame fi jaloufe,
Ce don t'avilit-il, & le dédaignes-tu ?

ARMINIUS.

Je ne puis de Thufnelde oublier la vertu.
Je l'aime ; ce n'eft pas fa beauté, fa jeuneffe,
Qui feules ont furpris & fixé ma tendreffe ;
Des charmes plus puiffans ont troublé mon répos :
La fille d'Adelinde a l'ame d'un héros.
Cette ame que j'adore — & que tu dois connaître
Dans quel perfide fein, Dieux ! l'avez-vous fait naître ?
Son pere qui m'aimait, paraiffait empreffé
D'achever notre hymen qu'il avait commencé.
Il mourut ; à fes vœux fon époufe fidele,
Pour la même union montrant le même zele,
Voulait hâter l'inftant qui flatait mon ardeur.
Mais, ô Ciel ! à quel prix ! il va te faire horreur.
Il fallait, imitant toutes fes perfidies,
Me rendre l'artifan de fes trames hardies,
Faire fleurir ici les vices des Romains,
Lui jurer d'abolir les vertus des Germains ;
Et docile aux confeils que lui dicte fa rage,
A fon lâche deffein confacrer mon courage.
Mere impie, à tes vœux fi je m'étais rendu,
J'ai le cœur de ta fille, & je l'aurais perdu !

C

C'eſt elle qui m'éleve & me rend magnanime.

S'il faut perdre ſa main , conſervons ſon eſtime . . . .

Mais notre liberté , mon frere , eſt en danger ;

A tout autre intérêt gardons-nous de ſonger.

Je brûle de combatre une orgueilleuſe armée ;

Si de la même ardeur ton ame eſt enflâmée,

Vien , ne voi point en moi ton Chef , ton Général ,

Mais un frere toujours ton ami , ton égal.

Participe aux lauriers que m'aprête la gloire,

En partageant les ſoins qu'exige la victoire.

Fin du ſecond Acte.

ACTE III.

SCENE PREMIERE.

ADELINDE *seule.*

INFLEXIBLE Vieillard, orgueilleux Citoyen,
Ton farouche parti l'emporte sur le mien.
Tu parais redouter d'avilir ton courage,
D'honorer trop Varus par un premier hommage.
D'une vaine hauteur il saura s'affranchir.
Moi-même devant toi je l'engage à fléchir,
A flater cet orgueil où ton parti s'obstine.
Mais tremble ; ton triomphe avance ta ruine.

SCENE II.

MARCUS, ADELINDE.

ADELINDE.

EH bien, Varus.....

MARCUS.

Varus, suivant votre conseil,
D'un hommage contraint ordonne l'appareil.
Il va se rendre ici, mais êtes-vous certaine
Qu'il ne hasarde pas une démarche vaine ?

ADELINDE.

Je réponds du succès ; dans toute sa splendeur,
Du pouvoir des Romains qu'il montre la grandeur.
Tout ce Peuple ébloui verra-t-il sa présence,

C ij

Sans la récompenfer de quelque complaifance ?
Nos Chefs même, nos Chefs étonnés & confus,
N'oferont infifter fur leur premier refus.
Du moins je ne crois pas qu'ils ofent fe défendre
De répondre à l'honneur qu'il s'aprête à leur rendre.
Il vient dans leurs forêts ; croi que ce même jour
Les verra dans fon camp arriver à leur tour ;
Et là, de leur deftin Varus fera le maître.—
J'ai cherché Flavius qui craignait de paraître ;
Son efprit, dont le mien s'eft bientôt emparé,
Contre un frere barbare enfin s'eft déclaré.
Il n'eft plus entraîné par l'exemple d'un pere ;
Déjà fes yeux en moi penfent voir une mere.

MARCUS.

Sait-il tous vos deffeins ?

ADELINDE.

                    Il était trop troublé ;
Et mon cœur tout entier ne s'eft pas dévoilé.
J'ai craint de l'allarmer ; cette ame encor timide
Avec un peu d'adreffe a befoin qu'on la guide.
Mais j'en obtiendrai tout ; que ne vois-je aujourd'hui
Mon fils auffi docile, auffi Romain que lui !

MARCUS.

Un fils fi vertueux pour vous n'eft point à craindre.

ADELINDE.

Eh ! c'eft de fa vertu que j'ofe ici me plaindre.
De mes deffeins fur lui tu fais la profondeur.
Il n'a pas encor lu dans le fond de mon cœur ;
Il faut lui découvrir mon ame toute entiere,
Et fur fes préjugés aporter la lumiere.

J'ai choisi ce moment ; il viendra dans ces lieux ;
Je l'atends , & je crains de rencontrer ses yeux !

MARCUS.

Vous craignez ! quand par vous sa jeunesse éclairée
Saura que sa grandeur , sa gloire est préparée ,
Qu'en atendant le sceptre , il porte l'encensoir ,
Qu'il jouira bientôt du souverain pouvoir ,
Comptez sur une aveugle & prompte obéissance.
Montrez-lui ce que c'est que la toute puissance ,
Vous verrez son esprit changer d'opinion ,
Et sa vertu céder à son ambition.

ADELINDE.

Je ne sais ! mais allez ; que ce parti farouche ,
Qui veut vous avilir , sache par votre bouche
Que le Préteur veut bien , oubliant tous ses droits
Pour nos seuls intérêts , descendre dans nos bois.

MARCUS.

J'ai vu le Général , & sa haine troublée
A soudain de vos Chefs convoqué l'assemblée :
J'ai promis de m'y rendre ; ils me feront savoir
Le lieu qu'ils ont choisi pour nous y recevoir.

SCENE III.

SIGISMOND, ADELINDE.
ADELINDE.

JE le vois , sur son front la tristesse est empreinte ;
Après avoir considéré Sigismond qui paraît embarrassé.
Quel silence , mon fils.

SIGISMOND.

Ah ! vous voyez ma crainte.
Vous foupçonnez ce fils, il vous devient fufpect ;
A-t-il manqué pour vous d'amour ou de refpect ?

ADELINDE.

Crois-tu m'en impofer par des difcours frivoles,
Quand je vois tes regards démentir tes paroles ?
Tu ne peux à mes yeux dérober ta douleur.
Pour toi, ce Sacerdoce eft-il donc un malheur ?
Je ne fais quelle horreur fur ton front fe déclare,
Rougit-il de porter cette noble thiare ?

SIGISMOND.

Elle outrage à la fois ma patrie & mes Dieux ;
J'ai trahi mon devoir.

ADELINDE.

Mon fils, ouvre les yeux.
Sur tes Divinités fanguinaires bifarres ;
Et voi tous les mortels policés ou barbares,
Dans le fein des cités, au milieu des forêts,
Du beau nom de devoir mafquer leurs intérêts.
La vertu n'eft fouvent qu'un funefte avantage.
L'amour de la fageffe a perdu plus d'un fage.
Eh ! pourquoi t'enflâmer d'un zéle généreux,
Pour des Peuples ingrats, obfcurs & malheureux ?
Quel éclat peut fur toi répandre ta patrie,
Sans crédit au dehors, fans art, fans induftrie ?
Une autre qui t'invite à paffer dans fon fein,
Pour illuftrer ton fort, apuye un grand deffein.
Eh ! quoi, fi ton pays à ta grandeur s'opofe,
S'il ne fait rien pour toi, lui dois-tu quelque chofe ?

Qu'atends-tu de ces Dieux ? s'occupent-ils de nous ?
Quel bien fait leur bonté ? quel mal fait leur courroux ?
Rome a des Grands , mon fils , plus puissans sur la terre
Que ces fantômes vains dont tu crains le tonnerre.
Prodigue ton encens à ceux dont le pouvoir ,
Peut à son gré détruire ou combler ton espoir.

SIGISMOND.

Qu'entends-je ? où suis-je ? quoi ! c'est la voix d'une mere,
Cette voix consolante & qui m'était si chere !
Qui m'aprit la vertu ! qui fut mon seul apui !
Trompait-elle autrefois ? m'instruit-elle aujourd'hui ?
Ah ! de l'ambition voulez-vous que l'yvresse
S'empare de mes sens , détruise la sagesse ,
Dont vous m'avez tracé les devoirs importans ?

ADELINDE.

Ce n'est pas moi , mon fils , qui le veux ; c'est le temps.
Les Germains vont changer de Dieux & de maximes.
Les vertus de nos jours feront bientôt des crimes.
J'ai fait ce que j'ai dû ; tu nâquis Citoyen ,
Et pour te distinguer tu n'avais qu'un moyen ,
Une extrême valeur jointe à l'obéissance.
A ces deux qualités j'ai formé ton enfance.
Mais tu vois les Romains . . . . dissipe ton effroi ;
Ils ne feront la guerre ou la paix que pour toi.
Ils vont mettre en tes mains ces sauvages contrées,
Et j'en ai pour garant leurs promesses sacrées.
Tu devais obéir , il s'agit de régner ;
Et c'est ce nouvel art que je veux t'enseigner.
Que les Dieux du Véser cedent aux Dieux du Tibre ;
Détrui ta liberté pour devenir plus libre ;
Acoutume tes yeux à de nouveaux objets ;

C iij

Sers Rome : tes égaux vont être tes fujets,
La Mitre eſt fur ton front ; j'y mettrai la Couronne.
Eleve ton génie, & monte fur le trône.

SIGISMOND.

Moi, m'aſſeoir fur un Trône, où ſiégent les remords !
Moi, détruire en mon cœur ſes plus nobles tranſports,
Et porter fur mon front la double ignominie
Et de la ſervitude & de la tyrannie !
J'ai trop bien retenu vos ſublimes leçons ;
Je connais les foucis, les troubles, les foupçons,
Qui rendent un tyran malheureux & barbare.
Ah ! quel ſort à ſon fils une mere prépare !
Son grand cœur, autrefois ennemi des tyrans,
N'était pas occupée de leurs foins dévorans ;
Elle aimait une vie innocente & tranquile.
La grandeur uſurpée à ſes yeux était vile,
Le ſimple Citoyen n'eſt-il pas plus grand . . . .

ADELINDE.

Non.

Tous les féditieux abuſent de ce nom.
Le parti le plus vil s'arroge un ſi beau titre,
Et des autres ſe croit le ſouverain arbitre.
Au milieu des débats de ces partis jaloux,
Le grand homme s'éleve & les captive tous.

SIGISMOND.

Quoi ! nommez-vous grand homme un monſtre politique,
Dont il faudrait punir la fureur deſpotique ?
Ah ! ma mere, en régnant fur les triſtes Germains,
Votre fils cependant ſervirait les Romains,
Que l'honneur, ſon devoir, ſes Dieux veulent qu'il brave,

Vous voulez faire un Roi ; vous faites un efclave.

ADELINDE.

Non, je prétends fonder un empire aujourd'hui,
Qui fera repentir Rome de fon apui.
Ceux qui vont t'élever, ne pourront te détruire ;
Ils n'auront pas long-temps le pouvoir de te nuire.

SIGISMOND.

Arrêtez. Votre fils tremblant, infortuné,
Peut renoncer au jour que vous m'avez donné ;
Commandez, il eft prêt ; mais fon cœur n'eft plus maître
D'éteindre les vertus que vous avez fait naître.
       (*Adélinde jette un regard d'indignation fur fon fils*)
Vengez-vous.

ADELINDE.

        Soumets toi, tu fçais ma volonté.
Par ces Dieux, devant qui tu laffes ma bonté,
Jure, jure à l'inftant d'obéir à ta mere.

SIGISMOND.

Ils ne font à vos yeux qu'une vaine chimere.

ADELINDE.

Tu les crois ; fai ferment de remplir mes deffeins.

SIGISMOND.

Je fens combatre en moi les devoirs les plus faints ;
Il faut que je balance & que mon cœur abjure
Les droits de la patrie ou ceux de la nature ;
Je fuis un facrilege en ces lieux abhorré ;
Mon fort eft d'être encor traître ou dénaturé !
O Patrie, eft-ce toi qui feras la plus forte ?
Je ne peux réfifter .... une mere l'emporte.
Plein d'horreur pour vos vœux, je ne peux vous haïr.

Je jure , je promets — de ne pas vous trahir.
Ah ! j'aperçois Marcus , souffrez que je l'évite.

SCENE IV.

MARCUS, ADELINDE.

MARCUS.

Princesse , des Germains c'est ici que l'élite
A résolu de voir & d'entendre Varus.
J'ai vu ses partisans & sur-tout Flavius ;
Il croit que du Préteur la démarche soudaine
Des chefs les plus altiers peut ébranler la haine.
Mais si son éloquence est sur eux sans pouvoir ,
Si tout cet apareil ne les peut émouvoir ,
Ils n'échaperont pas au piége qu'il leur dresse.
Déjà pour l'admirer , tout le Peuple s'empresse.
Je dois parler aux chefs que je vois arriver.

ADELINDE

Je m'éloigne.

MARCUS.

Bientôt j'irai vous retrouver.

SCENE V.

SÉGISMAR, ARMINIUS, FLAVIUS, MARCUS, LES CHEFS DES ALLIÉS, & *leur suite. Citoyens Chérusques.*

MARCUS.

LE Préteur aproche.

SÉGISMAR.

Oui ; mais son orgueil se trompe
S'il croit nous éblouir par une vaine pompe,
Qui profane nos bois, où pour seule grandeur,
Tu vois notre courage & toute sa candeur.

MARCUS.

Un aveugle courage, une candeur grossiére,
Voilà donc ce qui rend ta nation si fiére?
Il semble que ta voix se plaise à l'abrutir ;
Varus veut l'éclairer,

SÉGISMAR.

Il veut l'assujétir.

MARCUS.

Quoi ! des bienfaits si grands . . . .

SEGISMAR.

Ah ! di plutôt des piéges,
Où tout un Peuple tombe & perd ses priviléges.
Varus peut s'épargner tant d'inutiles soins.
Rome se hâte trop ; elle devrait du moins
Atendre que ce Peuple eût donné quelque indice,
Que la vertu lui pêse, & qu'il cherche le vice.
Jusques-là, Rome ailleurs peut élever sa voix.
Quand nous aurons ses mœurs, nous recevrons ses loix.

FLAVIUS.

Varus ne détruit pas nos antiques ufages.
Ils ont fait des héros , mais les loix font des fages.
Elles nous font connaître & chérir l'équité ,
Qu'en vain cherche fouvent notre fimplicité.
L'équité des vertus fans doute eft la premiere ;
Dans fon étroit fentier nous marchons fans lumiere ;
Les loix font fes flambeaux : & vous les écartez !
Laiffez-les parmi nous répandre leurs clartés.
Qu'un Peuple , dont l'inftinct eft couvert de ténebres,
Eclaire fa raifon par des loix fi célebres.

SÉGISMAR.

Tu nous parles d'inftinct, de raifon, d'équité ;
Le vrai zele n'a point tant de fubtilité.
La raifon qui t'égare eft encor plus obfcure
Que le plus fimple inftinct donné par la nature.
Rome qui laiffe en paix , qui fouffre des tyrans,
Ne peut-elle fouffrir des Peuples ignorans ?
Elle vient nous troubler ; & croit par fes ravages
Eclairer nos climats qu'elle nomme fauvages.
Eh ! qu'importe aux Romains polis, voluptueux,
Qu'un Peuple foit groffier , quand il eft vertueux ?
Gardons notre vertu toujours libre & conftante.

MARCUS.

La vertu fans les loix eft toujours chancelante.

ARMINIUS.

Mais toi qui les connais, qui vantes tant ces loix,
Quelles font les vertus, di-nous , que tu leur dois ?

FLAVIUS.

Ah ! Princes, de Varus je vois déjà la garde.

SÉGISMAR.

Songeons qu'en ce moment l'œil des Dieux nous regarde.

SCENE VI.

VARUS *précédé de fix Licteurs & fuivi d'un brillant Cortége.* LES ACTEURS PRÉCÉDENS (*Les Romains fe rangent d'un côté, les Germains de l'autre ; Varus & Arminius s'aprochent vers le milieu du Théâtre.*)

VARUS à *Arminius.*

PRINCE, puis-je parler, & ferai-je écouté ?

ARMINIUS.

Si tu penfes qu'ici tu n'es point redouté,
Si ton deffein n'eft pas de nous parler en maître,
Parle, nous écoutons.

VARUS.

Vous allez me connaître.
Nous venons en amis, & non pas en vainqueurs.

ARMINIUS.

Ce titre fur le champ trouverait des vengeurs.

VARUS.

De l'ame des Germains je connais la nobleffe;
Mais à tant de grandeur fe mêle une faibleffe.
Des héros ne font point inquiets, foupçonneux.
Doivent-ils craindre en nous, ce qui n'eft point en eux ?
Vous doutez qu'un Romain puiffe être magnanime.
Rendez plus de juftice à l'efprit qui m'anime;
Je ne mets point ma gloire à féduire, à tromper.
Varus fait vos foupçons; & veut les diffiper,

en faifant réjaillir jufques fur vos rivages
L'abondance de Rome & tous fes avantages,
Moins dûs à la grandeur de fes brillants exploits,
Qu'à l'éclat immortel que répandent fes loix.
C'eft leur intégrité, leur fageffe profonde,
Qui lui donnent le nom de maîtreffe du monde.
Sans croire s'abaiffer, la majefté des Rois
Souvent a rendu Rome arbitre de leurs droits.
Pourquoi rougiffez-vous d'y foumettre les vôtres.
Les plus faintes des loix, Germains, ce font les nôtres ;
J'ofe efpérer qu'un jour vous les connaîtrez mieux.
Vous rougirez alors de vos mœurs, de vos Dieux ;
Et vous viendrez à Rome avec des voix moins fieres,
Rechercher fes vertus & briguer fes lumieres.
Maintenant qu'elles font l'objet de vos terreurs,
Reftez affujettis à vos triftes erreurs ;
Suivez votre penchant, & ce bouillant courage
Qui n'afpire à briller qu'au milieu du carnage.
Vous croyez que la gloire & le nom de vainqueur,
Sont les feuls, dont l'éclat doit toucher un grand cœur :
Eh bien, fi la victoire a pour vous tant de charmes,
Venez vaincre avec nous ; réuniffons nos armes.
Sur le trône du monde un Monarque affermi,
Augufte, fe déclare aujourd'hui votre ami.
Depuis que de Germains fa garde eft compofée,
Sa tête aux trahifons ceffe d'être expofée ;
Vos Citoyens pour lui ne font plus étrangers.
Leur zele de fon trône écarte les dangers.
Et vous, quoi ? vous pourriez, fur une crainte injufte,
Vous déclarer ici les ennemis d'Augufte ?
Quand fon amour pour vous cherche à fe fignaler,
Verrai-je contre lui la haine s'exhaler,

Soulever les efprits ; les animer à fuivre
L'audace de Mélo, qui commence à revivre.
On voit fes Lieutenants courir de toutes parts,
Pour raffembler, dit-on, fes Sicambres épars
On dit que fa fureur pleine de confiance,
Du Chérufque en fecret recherche l'alliance :
Mais Rome offre la fienne ; & je ne peux penfer
Qu'entre Augufte & Mélo vous puiffiez balancer.
L'une ou l'autre alliance en ce moment offerte,
Va caufer des Germains le falut ou la perte.
J'ai voulu fans détour vous parler une fois.
Je fuis venu fans crainte au milieu de vos bois.
Aujourd'hui dans mon camp craindrez-vous de paraître ?
Je vous atends ce foir ; mon cœur s'eft fait connaître,
C'eft au vôtre à montrer toute fa bonne foi ;
A venir en héros s'expliquer devant moi.
Je pars ; je ne veux pas ici par ma préfence
De vos avis divers gêner l'indépendance.

SCENE VII.

SEGISMAR, ARMINIUS, FLAVIUS, LES CHEFS DES
ALLIÉS & leur fuite, CITOYENS CHÉRUSQUES
(Les Alliés font d'un côté & les Chérufques de l'autre.)

ARMINIUS.

Vous l'avez entendu ; Peuples vous voyez tous
Quel fervice odieux Rome exige de vous.
Elle veut vous détruire, & pour ce grand ouvrage
Elle ofe deftiner votre propre courage.
Ah ! contemplons Mélo ; fon trône eft renverfé,
Sa tête mife à prix, fon peuple difperfé.

Rome redoute un Roi qui brave tant d'obftacles,
Qui s'aprête à donner le plus grand des fpectacles.
Mélo change en foldats les plus vils des humains,
Et ce font des héros qui fortent de fes mains,
Leur zele le fuivait dans d'afreufes retraites ;
On les voit réparaître après tant de défaites,
Et voilà ceux que Rome ordonne d'accabler !
Irez-vous la fervir, quand ils la font trembler ?
Ne vous y trompez pas, Rome atend que vos armes
Renverfent l'ennemi qui caufe fes alarmes.
Vous la verrez foudain fe tourner contre vous,
Pour orner un triomphe obtenu par vos coups ;
Et fa fortune alors par vous même agrandie,
Traitera ce bienfait comme une perfidie.
N'écoutez que l'honneur, l'honneur qui nous prefcrit
De fecourir un Roi par un tyran profcrit.

FLAVIUS.

J'admire Arminius, fon courage me charme;
Mais fa témérité me furprend & m'alarme.
Il conçoit contre Rome un chimérique efpoir ;
Que peuvent nos efforts contre tant de pouvoir?
Vengerons-nous Mélo, nous, de qui l'impuiffance
A trahi fi fouvent notre propre vengeance !
Des Germains tant de fois vaincus & terraffés
Ne renouvellons pas les défaftres paffés.

SÉGISMAR.

Flavius ! c'eft mon fils, qui croit Rome invincible ;
Rome, à fa liberté devenue infenfible !
Ne fens-tu plus la tienne?... ô braves Alliés,
Du pouvoir des Romains êtes-vous effrayés ?
De nos Troupes contre eux la valeur réunie.....

LE

LE CHEF DES GATES.

Sait afronter la mort & fuir l'ignominie.
Ataquons les Romains.

SÉGISMAR.

Oui, Princes, combatons.
Quoi! ne valons-nous pas les Cimbres, les Teutons?
Ah! nous verrons comme eux fuir les Tyrans du Tibre,
Qui ne peuvent souffrir l'aspect d'un Peuple libre,
Qui détrônent les Rois, qui foulent l'Univers.

LE CHEF DES BRUCTERES.

Pour moi j'ai toujours vu dans les combats divers,
Où contre les Romains nous conduisit la gloire,
La justice pour nous, & pour eux la victoire.
Flavius, nous prêtons nos bras & nos conseils;
C'est aux Dieux à régler le fort de nos pareils.
Peut-être allons-nous voir la victoire plus juste
Humilier l'orgueil des Esclaves d'Auguste;
Mais si contre nos vœux son caprice est constant,
S'il faut périr, eh bien, la gloire nous atend;
Le Ciel à la valeur ofre une autre patrie,
Où la vertu triomphe, & n'est jamais flétrie.

ARMINIUS.

Il faut combatre Rome, ou vivre sous ses loix. —
Princes, votre regard m'annonce votre choix.
Hâtons-nous; combatons, & que notre courage . . .

LE CHEF DES CHAUQUES.

Mais sur Varus au moins prenons quelque avantage.
Laissons passer du jour la lumiere qui fuit;
Surprenons les Romains dans l'ombre de la nuit.

D

FLAVIUS.

Ah! Germains, arrêtez; la haine vous abuſe.
Des héros ſont-ils faits pour employer la ruſe?
Aux yeux des nations, c'eſt vouloir vous noircir.
Le Préteur nous atend ; & ſans nous éclaircir,
Sans répondre à l'honneur qu'il eſt venu nous rendre,
Nous voulons l'ataquer, nous voulons le ſurprendre !

SÉGISMAR.

Veux-tu que dans ſon camp nous flations un Préteur,
Et que nous empruntions ſon langage impoſteur?

LE CHEF DES BRUCTERES.

Non, que notre franchiſe étonne ſa ſoupleſſe.
Craindre de lui parler, ſerait une faibleſſe.
Peut-être pourrons-nous, au gré de nos ſouhaits,
L'engager à partir, à nous laiſſer en paix.
Il faut voir le Préteur; pourquoi nous en défendre ?
Rendons lui notre hommage, il a droit de l'atendre.
                              (*à Ségiſmar.*)
Prince, de votre part, c'eſt, je crois, le premier.

SÉGISMAR.

Allons ; & plaiſe aux Dieux que ce ſoit le dernier.

Fin du troiſiéme Acte.

ACTE IV.

SCENE PREMIERE.

THUSNELDE, GISELLE.

THUSNELDE.

NON, ne me cache rien ; parle-moi sans détour.
Est-ce en vain , répond-moi , que j'atens son retour ?
Des Héros, que l'amour de la Patrie anime ,
Quoi ! le plus intrépide & le plus magnanime ,
Arminius . . . .

GISELLE.

Ce Prince est le seul que nos Dieux
N'ont pas voulu sauver de ce piege odieux.
Dans le camp des Romains . . . . .

THUSNELDE.

O crime ! ô perfidie !
Quoi ! d'un lâche Préteur l'iniquité hardie ,
L'ambition cruelle , étouffant tout remord,
Leur préparait des fers !

GISELLE.

Et peut-être la mort.
Varus craint nos Héros ; leur réponse l'agite ,
Contre leur fermeté sa faiblesse s'irrite.
Craignez tout ; il connaît combien votre chaleur
Allait d'Arminius échauffer la valeur.

THUSNELDE.

Les vertus , les exploits que promet son courage ,
D ij

Lui font des envieux qui frémiſſent de rage.
Ah! peut-être aſpirant en vain à l'égaler,
Ils brûlent en ſecret de le voir immoler;
Peut-être que leurs mains ont préparé le piege!
Ainſi la trahiſon de toutes parts l'aſſiege.
Mes Dieux, ma liberté, mon cœur n'a plus d'apui;
Chefs qui l'abandonnez, que ferez-vous ſans lui?

GISELLE.

N'imputez ſon malheur qu'à ſon ardeur bouillante;
Il n'a pu de nos Chefs ſouffrir la marche lente;
Il les a dévancés: cependant aucun d'eux
Ne ſoupçonnait Varus d'un complot ſi honteux.
Ils allaient dans ſon camp entrer ſans défiance,
Lorſqu'on en voit ſortir un Cate qui s'avance,
Qui s'aproche en criant: *où voulez-vous aller?*
Au Prince Ségiſmar il demande à parler.
Son trouble n'anonçait qu'un ſiniſtre meſſage;
Ségiſmar vient, l'écoute, & change de viſage;
Il apelle les Chefs qu'il conſulte un moment.
Et ſoudain on les voit avec étonnement
Maudire de Varus les pavillons perfides,
Et vers leurs ſimples toits tourner leurs pas rapides.
Maintenant il s'éleve entre eux un vif débat,
Si l'on doit différer ou hâter le combat.

THUSNELDE.

C'eſt lui qui les allait conduire à la victoire.
J'atendais le moment où brillerait ſa gloire.
Arminius, j'ai donc en vain flaté mon cœur
Que les Romains en toi trouveraient un vainqueur?
Ton triomphe peut-être eut adouci ma mere,

GISELLE.

Votre mere!

THUSNELDE.

Eh bien, quoi ? tu frémis ; quel myftere !

GISELLE.

Je ne peux vous cacher un horrible foupçon ;
On dit qu'elle a trempé dans cette trahifon.

THUSNELDE.

Qui ! ma mere, dis-tu ? Non, c'eft lui faire outrage ;
Tant de noirceur . . grands Dieux ! foutenez mon courage.

GISELLE.

Calmez votre douleur ; elle vient.

THUSNELDE.

                Laiffe-moi ;
Et cours aprofondir . . . . ah ! cachons mon effroi.

SCENE II

ADELINDE, THUSNELDE.

THUSNELDE.

VOILA donc le bonheur que dans cette contrée
Aporte des Romains l'amitié fi facrée !
Vous voyez les effets du zele officieux
De ce Préteur fi noble & fi grand à vos yeux.
Il vante fa bonté quand fa fureur redouble.
Il annonce le calme & fomente le trouble.
On dit qu'Arminius . . . .

ADELINDE.

            Je fais tout ce qu'on dit.
La voix de Ségifmar vainement retentit ;

Les clameurs de nos Chefs ne font plus écoutées.
Rome verra ses loix par eux-même adoptées.
Oublie Arminius ; il n'y faut plus penser.
Il cherchait à te plaire , & m'osait offenser.
Il osait abuser déjà de sa puissance.
Ses égaux se plaignaient de son trop d'arrogance.
Loin de plaindre le fort d'un Chef si dangereux ,
Ils en vont nommer un prudent & généreux,
Moins fier qu'Arminius , qu'il égale en naissance ;
Et surpasse en douceur comme en reconnaissance.
Il sait me respecter ; il t'adore; & c'est lui
Que pour époux mon choix te destine aujourd'hui.

THUSNELDE.

Eh ! quel est le Germain dont l'infidele audace
D'un Héros malheureux songe à saisir la place ?
Pour la patrie a-t-il cet amour si puissant....

ADELINDE.

Il veut la rendre illustre.

THUSNELDE.

Est-ce en s'avilissant ?
Que ce lâche à mes yeux se garde de paraître ;
Je ne le connais pas ni ne le veux connaître.

ADELINDE.

Tu le connais, ma fille, & tu l'estimes.

THUSNELDE.

Moi ?

ADELINDE.

Il sera ton époux.

THUSNELDE.

Lui! sait-il que ma foi ,

Que toute mon eſtime & toute ma tendreſſe ....
Pardonnez ... je me perds ; vous voyez ma faibleſſe.
Mon cœur n'a pu cacher l'excès de ſon tranſport.
Je veux, je dois ſur lui faire un pénible effort.
Vous voulez que j'oublie un Héros que vous-même,
De ſes vertus charmée, avez voulu que j'aime.
Je ne peux lui ravir l'amour que je lui doi,
Ni ceſſer d'être à lui qu'il ne me rende à moi.
Faites le reparaître ; & l'ardeur qui l'anime.
Pour me rendre à moi même, eſt aſſez magnanime.
Si je vois ſon rival de grandeur revêtu,
S'il a d'Arminius l'héroïque vertu,
Si l'intérêt du Peuple eſt le ſeul qui l'inſpire ;
Ma mere, vous pouvez de ce cœur qui ſoupire,
Une ſeconde fois diſpoſer aujourd'hui.
Nommez cet autre époux, & je m'immole à lui.
J'oublirai le Héros dont la grandeur m'enchante.
Oui, je ſuis Citoyenne avant que d'être Amante.

ADELINDE.

Ceſſe de m'accabler du nom de Citoyen.
Sois ma fille avant tout ; c'eſt ton premier lien.
De toi, ta mere atend ou ſa honte ou ſa gloire.
Mes deſſeins ſont plus grands que tu ne ſaurais croire ;
En les contrediſant, ce n'eſt pas ton pays,
C'eſt toi-même, ton frere, & moi que tu trahis.
A cet hymen encor voyons ſi tu t'opoſes.
Tout mon ſort en dépend ; ah ! perds-moi, ſi tu l'oſes.

THUSNELDE.

Moi vous perdre !

ADELINDE.

Crain donc de mépriſer l'époux

D iv

Qui va bientôt ici tomber à tes genoux.
Sans blesser ta vertu, ta fiere indifférence
Peut laisser à ses yeux briller quelque espérance.
Je vais te l'envoyer, il veut t'entretenir.

SCENE III.

THUSNELDE *seule.*

ELLE me quitte, ô Dieux ! que vais-je devenir !
Quel est donc cet époux qu'il faut que je préfere ,
Si je ne veux causer la perte de ma mere ?
Pourrai-je devant lui surmonter un mépris . . .

SCENE IV.

GISELLE, THUSNELDE.

THUSNELDE.

AH ! Giselle.

GISELLE.

J'accours conduite par vos cris.
Vos accens ont encore accru mon épouvante ,

THUSNELDE.

Quelle honte pour moi !

GISELLE

Vous me voyez tremblante.
De mes fils , d'un époux j'ai reçu les adieux.
Ils veulent ataquer un Préteur odieux.

THUSNELDE.

Cette fidélité qui les rend intrepides ,

Dieux ! faites-la paſſer dans les ames timides.
Affermiſſez la mienne ; elle ſe ſent troubler.

GISELLE.

Quel déſeſpoir ſoudain paraît vous accabler ?
Dans vos regards errans l'inquiétude peinte
Annonce tout l'effroi dont votre ame eſt atteinte.

THUSNELDE.

Je regarde, j'atens . . . il veut m'entretenir !
Mon cœur à l'écouter pourra-t-il parvenir ?
Toi qui connais l'objet qu'idolâtre mon ame,
Et qui veux que j'allume une nouvelle flame,
Tu n'as jamais éteint tes premieres amours ;
Ton exemple eſt trop beau pour ſuivre tes diſcours ! —
Qu'entens-je ? quelqu'un vient. Il aproche. Ah ! ſans doute
C'eſt ce nouvel amant que l'on veut que j'écoute.
Fuyons.

GISELLE.

Que craignez-vous ? je ne me trompe pas.
Voyez, c'eſt Sigiſmond qui porte ici ſes pas.

SCENE V.

SIGISMOND, THUSNELDE, GISELLE.

THUSNELDE.

OH mon frere !

SIGISMOND.

Ah ! ma ſœur, ſois plus tranquille, eſpére
Pour toi, pour la patrie, un deſtin plus proſpére.

THUSNELDE.

Quoi ! ta voix pour combler tant de calamités ?

Parle ici d'eſpérance & de proſpérités !
Il n'en eſt plus pour moi !

SIGISMOND.

Ranime ton courage.
L'aſtre qui reparaît va diſſiper l'orage.
Arminius . . . .

THUSNELDE.

Eh, bien !

SIGISMOND.

Il eſt libre.

THUSNELDE.

Comment.

SIGISMOND.

Il a trompé Varus.

THUSNELDE.

Dieux ! quel événement !

SIGISMOND.

A l'aſpect des Romains, à leur joie inquiete,
Son cœur a ſoupçonné quelque trame ſecrete ;
Il cachait à leurs yeux ſes regards alarmés.
Par un Cate bientôt ſes ſoupçons confirmés,
Craignant tout pour nos Chefs qu'on cherchait à détruire,
Du danger qu'ils couraient il les a fait inſtruire.
Cependant par ſon air, par ſa noble candeur,
Qui tenait en ſuſpens un perfide Préteur,
Arminius a ſu ſans autre ſtratagême
A ce piege honteux ſe dérober lui-même.

THUSNELDE.

Que fait-il ?

SIGISMOND.

Je l'ai vu parmi les Citoyens
Qu'il anime à combatre, à brifer leurs liens.
Ton amant femble un Dieu dont la voix les apelle.
Et ton frere eft contraint de condamner fon zele
Et d'aprouver les vœux des tranquiles témoins,
Des lâches fpectateurs de fes généreux foins.
J'ai vu les deux partis dans leur haine inflexibles,
L'un l'autre s'accufer de refter infenfibles
Aux maux que la patrie eft prête d'endurer,
Se maudire, fe taire, enfin fe féparer.
Chacun défigne aux fiens le pofte qu'il doit prendre,
L'un contre les Romains ne veut rien entreprendre ;
Tout lui caufe un effroi qu'il ne peut furmonter,
Rien n'intimide l'autre ; il va tout afronter ;
Il eft chéri des Dieux que mon afpect offenfe ;
Il paraîtra bientôt armé pour leur défenfe.
Tous les Chefs ont reçu l'ordre d'Arminius.

THUSNELDE.

Ah ! mon frere, déjà je crois voir Flavius.
(*elle court vers lui.*)

SCENE VI.

FLAVIUS *armé*, THUSNELDE, GISELLE, SIGISMOND.

THUSNELDE.

O toi que mon amour, mon devoir & mon pere
Me flataient de pouvoir bientôt nommer mon frere,
Souffre que j'aplaudiffe à cette prompte ardeur.
Des autres vrais Germains d'où vient donc la lenteur ?

FLAVIUS.

La haine aux pieds des Dieux s'aprête à les conduire.
Ce n'est point devant vous la haine qui m'attire.

THUSNELDE.

Quoi ! Prince , ton courage en un si grand besoin ,
A le même devoir , & non le même soin ?

FLAVIUS.

Ah ! qu'un soin différent m'anime & me consume !
Ils suivent le flambeau que la vengeance allume ;
Ils n'ont qu'un seul devoir & qu'un vœu mutuel.
Moi , je suis tourmenté dans ce moment cruel ,
De devoirs opposés , & de vœux tous contraires.
Ils n'ont qu'un ennemi ; tous sont mes adversaires.
Chérusques & Romains , tous viennent m'allarmer.
Le trouble est dans mon ame ; ah ! daignez le calmer.

THUSNELDE.

Quel désordre inoui ! quel étrange langage !
O mon cher Flavius , rapelle ton courage ,
Toi de qui l'amitié daigna jusqu'à ce jour . . . . . .

FLAVIUS.

A mon égarement méconnais-tu l'amour ?
C'est lui seul qui m'amene. Eh quoi , quelle surprise !
Ne sais-tu pas encor qu'une mere autorise . . ,

THUSNELDE.

Dieux ! C'est toi . . . . songes-tu qu'un frere qui t'est cher...

FLAVIUS.

Je ne pense qu'à toi; regarde , voi ce fer.
Parle ; doit-il servir Rome ou la Germanie ?
Veux-tu la liberté ? veux-tu la tyrannie ?

Sur tous mes fentimens toi feule peux regner.
Dis, qui faut-il punir ? qui faut-il épargner ?
Détermine mon choix favorable ou funefte ;
Montre-moi le parti qu'il faut que je détefte.
Fini les longs turmens d'un cœur trop partagé ;

           (*en montrant le fer dont il eft armé.*)

Ordonne ... dans quel fein veux-tu qu'il foit plongé ?
Tu te tais ...

THUSNELDE.

         Ofes-tu me choifir pour arbitre ?
Dans quel tems ! ...

FLAVIUS.

         Ton reproche éclate à jufte titre ;
Mon cœur a trop tardé de s'ouvrir à tes yeux.
Mais pardonne à ce cœur que tourmentent les Dieux,
Que tous fes fentimens en tumulte déchirent,
Que Rome & mon pays cruellement atirent,
Que ta mere, mon pere apelent à la fois. —
Je ne veux écouter déformais que ta voix.

THUSNELDE.

Je te vois balancer entre ton Peuple & Rome ;
Tu veux fuivre une femme.... & tu ceffes d'être homme.
Que ton cœur incertain ne me confulte pas ;
Tu me ferais rougir de mes faibles apas,
S'ils étaient plus puiffans dans ton ame atendrie,
Que tes premiers devoirs, l'honneur & la patrie.

FLAVIUS.

T'aimer eft mon honneur, mon unique devoir.
A tes pieds ....

THUSNELDE.

       Leve-toi. Quite un coupable efpoir.

D'un méprifable amour porte ailleurs les hommages.

FLAVIUS *en fe levant.*

Ofes-tu m'outrager ?

THUSNELDE.

Non, c'eft toi qui m'outrages:
Souffrirai-je un amant dont le zele empreffé ,
Ne connaît qu'un tranfport vil, lâche, intéreffé ?
Des grandes actions , il ignore le charme.
Pour un Peuple oprimé , je te vois fans alarme.
Tu veilles pour me plaire ; & ton bras endormi
Eft armé vainement aux yeux de l'ennemi.
Eft-ce là cet amour, le partage des braves ;
Luï , qui fait des héros & jamais des efclaves?
Ton frere , ton rival de mes atraits touché ,
S'il n'était à la gloire encor plus attaché ,
N'eut jamais fait fur moi.....

SCENE VII.

ARMINIUS *armé*, THUSNELDE, GISELLE,
FLAVIUS, SIGISMOND,

ARMINIUS.

QUE vois-je ? La nuit fombre,
Qui commence à couvrir la terre de fon ombre,
Trompe-t-elle mes yeux ? ah ! Thufnelde eft-ce toi ?
O Ciel !

THUSNELDE.
Arminius !
ARMINIUS.
Thufnelde, je te voi.

Ah ! je bénis les Dieux qui m'offrent ta préfence.
Varus qui nous a vus tous deux en fa puiſſance ,
Doit trembler maintenant. Le moment eſt venu
D'écouter un tranſport trop long-tems retenu.
Je ne crains plus qu'un traître abuſe de ſes armes ,
Et pour venger fa honte enfanglante tes charmes.
Croi que chez les Romains ton fort ferait affreux ,
S'ils te voyaient encor , quand je marche contre eux.

THUSNELDE.

Quoi ! la peur de ma perte arrêtait ton courage ?
Va , plus un vil Préteur m'eut fait ſentir ſa rage ,
Plus il m'eut annoncé que tu l'avais vaincu.
Thuſnelde dans ſes fers n'eut pas long-tems vécu ;
Une mort glorieuſe eut fini ſes miſeres.
Dans le ſéjour des Dieux j'euſſe apris à nos peres ,
Que c'eſt Arminius & ſes coups triomphans
Qui vengent leur patrie & ſauvent leurs enfans.

ARMINIUS.

Tu n'es plus en danger ; tu m'aimes , je t'adore.
Cependant je me trouble & je foupire encore.
Mon eſpoir eſt trompé. Thuſnelde , c'eſt en vain ;
En poſſédant ton cœur , que j'aſpire à ta main.
Il faut y renoncer , ou fléchir ſous des maîtres.
Je marche fur les pas qu'ont ſuivi nos ancêtres ;
Si l'on parle de moi , je veux qu'on diſe un jour:
Il aimait, ſon devoir l'emporta fur l'amour.

THUSNELDE.

Quand tu me l'exprimais avec tant de nobleſſe ,
Je trouvais cet amour digne de ma tendreſſe.
Maintenant que ton cœur vers la gloire emporté ,
Ne ſe laiſſe toucher que par la liberté ;

Quand tu crains de m'aimer, je t'aime davantage,
Et l'amour dans mon ame agrandit mon courage.
Que ne peut ton amante aujourd'hui s'avancer
Dans le champ glorieux où tu vas t'élancer!
Ah ! quel charme pour moi de fuivre ta carriére ;
Et d'effuyer ton front, où bientôt la pouffiere
La fueur & le fang paraîtront confondus ;
De voir tous les Romains à tes pieds étendus !

FLAVIUS.

Cruelle, voilà donc le plaifir qui te flate !
Voi le mien ... Il eft temps que ma douleur éclate.
Je ne foufrirai pas que ton farouche amant
Jouiffe d'un triomphe à tes yeux fi charmant.
Je défendrai le fang qu'on s'aprête à répandre.
Vien, Sui-moi, Sigifmond.

SCENE VIII.

ARMINIUS, GISELLE, THUSNELDE.

ARMINIUS.

AH que viens-je d'entendre!
Je cherchais le perfide ; il était devant moi !
Ton afpect m'a troublé ; mes yeux n'ont vu que toi.
On voulait aujourd'hui nous livrer à des maîtres.
Tu fais la trahifon.

THUSNELDE.

Et je connais les traîtres !
Ils s'arment contre toi ; va combatre pour eux.
Pars & revien vainqueur ; fois grand, fois généreux.
Songe que tes vertus ont allumé ma flâme ....

ARMINIUS.

ARMINIUS.

Renferme ta tendreſſe ; elle émeut trop mon ame.
Laiſſe-moi tout entier aux devoirs de mon rang.
Je dois ſervir ta haine & reſpirer le ſang.
Crain d'amolir un cœur, dont bientôt l'impuiſſance
S'efforcerait en vain d'acomplir ta vengeance.
Il faut nous ſéparer. — Peut-être je te vois,
Je te parle aujourd'hui pour la derniere fois.

THUSNELDE.

Pour la derniere fois ! diſſipe tes alarmes.
Va, le Ciel qui connaît l'équité de tes armes,
Veille ſur ton parti prêt à braver la mort.

ARMINIUS.

Le plus juſte eſt ſouvent la victime du ſort.

THUSNELDE.

Le plus juſte aujourd'hui triomphera de Rome,
Puiſqu'il ſe laiſſe enfin guider par un grand homme.

ARMINIUS.

Ta voix jette en mon ame une force, une ardeur
Qui ſemble de ma gloire aſſurer la grandeur.
Pardonne au noble orgueil d'un cœur que tu tranſportes.

THUSNELDE.

J'aperçois des Germains les fideles cohortes ;
Va les joindre ; il eſt tems de conduire leurs pas.
Contre tant de héros, nourris dans les combats,
Verrai-je les Romains plus grands, plus intrépides..

ARMINIUS.

Non, tu ne verras point triompher des perfides.
Et le tyran de Rome être pour nous un Dieu.

E

On vient. Adieu, Thusnelde.

ARMINIUS.

Arminius, adieu.

SCENE IX.

ARMINIUS, SÉGISMAR, LES CHEFS
DES ALLIÉS & *leur suite*, TROUPES DES
CHÉRUSQUES.

SÉGISMAR à *Arminius.*

TEs ordres sont suivis, nous marchons en silence,
Tout paraît seconder tes soins, ta vigilance.
Mes yeux ont vu partir nos Bardes, dont la voix
Porte dans tous les cœurs l'amour des grands exploits.
Trois fois de leurs sacrés & sublimes cantiques
A retenti le creux de nos chênes antiques.
Voici l'instant, mon fils, si long-temps souhaité,
L'instant de la vengeance & de la liberté.
L'aspect de ces héros me rend ma jeune audace ;
Comment au milieu d'eux osé-je prendre place ?
Des Arts des Loix de Rome & de son vil tyran,
Hélas! j'ai mis au jour un lâche partisan.
Des amis des Romains, Dieux! confondez le zele,
Et faites triompher notre haine fidele.

ARMINIUS.

Ah! d'un frere & des Dieux que trahit son amour,
Il faut que l'intérêt soit vengé dans ce jour.
Aux plus lâches conseils ton cœur qui s'abandonne
Ose suivre un parti que la honte environne,

Un parti, qui devrait feconder nos efforts. —
Il croît nous affaiblir ; nous en fommes plus forts;
L'œil des Dieux parmi nous ne voit plus de perfides.
Amour de la patrie, ah! c'eft toi qui nous guides.
Marchons dans le fentier que nous trace l'honneur ;
De tous les vrais Germains affurons le bonheur.
Celui qui dès long-temps joüit de la lumiere,
Avec la liberté veut finir fa carriere ;
Celui dont l'œil encor ne voit pas la clarté,
En recevant le jour, veut voir la liberté.
Allons, vengeons fa caufe; affranchiffons d'un maître
Le Peuple qui refpire & celui qui doit naître.

Arminius part.

LE CHEF DES CHAUQUES *en partant.*

O nuit! que ta profonde & ténébreufe horreur,
Dans le camp des Romains répande la terreur !

LE CHEF DES CATES *en paffant devant les Statues.*

Héros, guidez nos pas, fauvez la Germanie.

LE CHEF DES BRUCTERES.

Dieux de la liberté, perdez la tyrannie.

Fin du quatrième Acte.

ACTE V.

SCENE PREMIERE.

THUSNELDE, GISELLE.

GISELLE.

DES aſtres de la nuit, vois-tu la lueur ſombre
Répandre dans nos bois plus d'horreur & plus d'ombre ;
L'aſtre du jour éteint tous ces flambeaux errans ;
Ainſi la liberté diſſipe les tyrans.
Ah ! raſſurons nos cœurs ; cette Lune croiſſante,
Annonce des Germains la Victoire naiſſante.
Voici l'inſtant ſacré ſi long-tems attendu,
Où l'orgueil des Romains doit être confondu.

THUSNELDE.

Il le ſera ſans doute ; oui, mon cœur ſe raſſure ;
Non, ſur des préjugés qu'inſpire un vain augure.
Un Peuple de Héros qu'Arminius conduit,
L'amour de la patrie & l'ardeur qui le ſuit,
La puiſſance des Dieux, l'horreur de l'eſclavage,
Voilà mon eſpérance & le plus grand préſage.
Mon cœur eſt au combat ; il ſuit Arminius ;
Que de Romains déjà, ſous ſes coups abatus !
Vous, toujours chers, toujours préſens à ſa mémoire,
Combatez avec lui, Dieux, hâtez ſa victoire !

SCENE II.

ADELINDE *accompagnée d'un Officier à la tête d'une petite Troupe de Chérufques*, THUSNELDE, GISELLE.

ADELINDE.

QUE faites-vous ici? venez, fuyez ces lieux.

THUSNELDE *en montrant Gifelle*.

Ses fils font au combat ; & nous, aux pieds des Dieux.

GISELLE.

A fes foupirs, aux miens, daignez joindre les vôtres.

ADELINDE.

Les Romains ont des Dieux plus puiffans que les nôtres.
Il faut porter ailleurs vos vœux infortunés.
Ces lieux facrés pour vous vont être profanés.

THUSNELDE.

C'eft ici de nos Dieux l'inviolable azile.
Ils fauront le défendre, & j'y refte tranquile.

ADELINDE.

Songe à ta fureté ; crain d'y trouver la mort.
D'un combat inégal j'avais prévu le fort.
De ton Arminius l'efpérance eft trompée ;
J'ai vu de toutes parts fa Troupe envelopée ;
Les Romains puniront fa haine, fes mépris.
Il a cru les furprendre, eux-mêmes font furpris.
Je n'ai pu réprimer l'orgueil qui le furmonte ;
Mes yeux bientôt, mes yeux jouiront de fa honte.
Ma prudence triomphe, & fa témérité
Qui fuccombe, a le fort qu'elle a trop mérité.
Mon parti vous attend. Allez, fuivez ces guides...

THUSNELDE.

(L'Officier de la Troupe s'en détache avec quelques Soldats, & s'aproche d'Adelinde.)

Moi, me refugier dans le sein des perfides !

ADELINDE.

Ce sont des Citoyens que j'ai su ménager,
Pour fléchir des vainqueurs qui pourraient t'outrager.
Dans les premiers transports d'un triomphe farouche,
Crois-tu que la vertu, que la pitié les touche ?
Peux-tu te reposer sur des Dieux affaiblis ?
S'ils entendaient tes vœux, ils les auraient remplis;
Du Soldat la fureur brutale, meurtriere,
Sera sourde comme eux à ta vaine priere.
Fui, dis-je ; tout ici me fait trembler pour toi.

THUSNELDE.

Si l'azile des Dieux n'en est plus un pour moi,
Si de la liberté la perte est manifeste,
Je ne veux pas avoir une fin moins funeste.
Que ces affreux vainqueurs me déchirent le flanc ;
Que ces chênes sacrés soient souillés de mon sang,
Avant que par ma fuite ici je déshonore
Mon courage & mes Dieux qui subsistent encore.

ADELINDE.

Rien de tes préjugés ne dissipe l'erreur.
Ma tendresse pour toi semble te faire horreur.

(aux Soldats détachés)

Vous, plus que mes enfans, voués à ma famille,
Au poste de mon fils, allez, guidez ma fille.

THUSNELDE.

Vous m'inspirez grands Dieux ! & je vous obéis.
Giselle, allons périr ou sauver mon pays.

SCENE III.

ADELINDE *seule.*

Prépare-toi, mon fils , à faisir la couronne;
Tu n'as qu'à faire un pas pour monter sur le trône.
Va , je mourrai contente , après tant de soucis ,
Si mes yeux un moment peuvent t'y voir assis.
Mais Flavius me gêne ? ah ! dans sa triste ivresse,
Comment me verra-t'il manquer à ma promesse ?
Il doit bientôt paraître ; il compte sur ma foi.
 Que je crains sa présence . . . ah ! Ciel , je l'aperçoi.
Ses reproches , ses cris, ses pleurs vont me confondre.

SCENE IV.

FLAVIUS, ADELINDE.
FLAVIUS.

Rome va triompher , & je peux t'en répondre;
Grace à mon triste soin , tes vœux ont réussi ;
Qu'as-tu fait pour les miens ? ta fille est-elle ici ?
Je viens de mon forfait chercher la récompense.

ADELINDE.

Regarde ton ouvrage, avec plus de constance;
De tes soins je suis prête à te récompenser :
Mais on combat encor ; voudrais-tu commencer
Dans un moment si triste , une union si belle ,
Et n'avoir pour témoin qu'une nuit si cruelle ?
Cet instant deviendrait fatal à ton amour.
Atendons que Varus, la victoire & le jour . . .

E iv

FLAVIUS.

Je n'atends que Thufnelde & fa main qui m'eft due ;
Je l'ai trop achetée , & tu me l'as vendue.
Voici le lieu , l'inftant que toi-même as choifis ,
Pour me donner ta fille & me nommer ton fils.

ADELINDE.

Tu l'es ; je fuis ta mere ; écoute , fois tranquile.

FLAVIUS.

Quoi , Thufnelde avec toi n'eft pas dans cet azile ?
Quoi ! lorfque j'ai rempli tous mes engagemens...

ADELINDE.

Songe que mon effroi . . . . .

FLAVIUS.

Je fonge à tes fermens.
Trahis-tu ton complice ? Aux forfaits enhardie ;
Etendrais-tu fur moi ta noire perfidie ?

ADELINDE.

Arrête , Flavius ; ceffe de t'occuper
De ces triftes foupçons que je vais diffiper.

FLAVIUS.

Parle , apelle Thufnelde. Il eft temps qu'elle vienne ;
Il faut que je la voie & que je l'entretienne.
Il faut que fon afpect foulage mes tranfports ,
Ecarte ma trifteffe & chaffe mes remords.

ADELINDE.

Ah ! repren tes efprits !

FLAVIUS.

J'ai fervi ta famille ;

Tu me manques de foi ; je ne vois point ta fille.
Tout m'abhorre & me fuit. Quelle affreuse clarté
M'éclaire dans l'abîme , où tu m'as écarté !

ADELINDE.

Je ne te trompe point . . . .

> (*On voit passer dans le lointain, à travers les*
> *arbres , à la lueur de quelques torches, des*
> *blessés & des morts portés sur des brancards.*
> *Ségismar est au nombre de ces derniers , &*
> *son corps doit être transporté de maniere que*
> *l'on puisse le distinguer & le reconnaître plus*
> *aisément que ceux des autres)*

Voi ce cruel ostacle,

Ces blessés , tous ces morts . . .

FLAVIUS.

Pour moi , Dieux, quel spectacle !

ADELINDE.

A ces funebres feux destinés aux tombeaux ,
Voudrais-tu de l'hymen allumer les flambeaux ?
L'amour endurcit-il ton ame douce , humaine ?

FLAVIUS.

O mes Concitoyens ! . . . quelle frayeur soudaine ?
Où suis-je ? . . . je frémis . . . . surmontons mon effroi.
  (*il reconaît son pere*) (*en revenant sur ses pas*)
Avançons . . . Dieux , que vois-je ? ô terre, englouti-moi!

ADELINDE.

Flavius , ô mon fils!

FLAVIUS.

Que dis-tu ? fui, perfide!

Mon pere eft mort ; évite un monftre, un parricide,
Ah ! fans ma trahifon, fans mes lâches amours,
Il vivrait ; mon courage eut défendu fes jours,
J'ai pu l'abandonner, me couvrir d'infâmie,
Pour fuivre, pour fervir fa mortelle ennemie ?
Tes rufes déformais ne peuvent m'éblouir.
Je vois mes attentats ; ne croi pas en jouir.
Si mon frere eft vaincu, j'aurai du moins la gloire
D'arracher au vainqueur les fruits de fa victoire.
Les bataillons détruits vont être remplacés ;
J'enflammerai les cœurs que ma voix a glacés.
Je vais tout réparer ; va, les Troupes féduites
Quitteront le vil pofte, où je les ai conduites.

ADELINDE.

Ta voix qui les a fait fortir de leur devoir,
Pour les y ramener, a trop peu de pouvoir.

(*Flavius fort avec indignation*)

Mais, va, mene à Varus de nouvelles victimes,
Et cours accroître encor fes lauriers & tes crimes.
Qui vient ? . . . . .

SCENE V.

GISELLE, ADELINDE.

ADELINDE.

C'EST toi, Gifelle. Et ma fille ? ah ! pourquoi
Seule, ici, fans Thufnelde, . . .

GISELLE.

Ecoute & tremble.

ADELINDE.

Moi.

GISELLE.

Toi ; tu feras bientôt & fans fils & fans fille ;
Les tyrans que tu fers détruiront ta famille.

ADELINDE.

Parles-tu des Romains? ils font trop généreux.

GISELLE.

Crain tout pour tes enfans.

ADELINDE.

Qu'ai-je à craindre pour eux ?

GISELLE.

Ce n'eft pas de leur part que je viens t'en inftruire.
Tu connais ton projet ; ils veulent le détruire.
L'un & l'autre faifis d'un tranfport belliqueux ,
Vont fauver les Germains , ou fe perdre avec eux.
J'ai vainement tenté d'effrayer leur audace ,
L'héroïque vertu dont ils fuivent la trace. ....

ADELINDE.

Quelle eft cette vertu qui fe laiffe emporter
A trahir mes deffeins , à les faire avorter ?
Qu'ont-ils fait ?

GISELLE.

Si tes yeux de ta fille inquiete
Dans la route avaient vu l'ardeur fombre & muete. ..
A peine nous touchions au pofte de ton fils,
Elle rompt le filence , il répond à fes cris ;
Il accourt: *c'eft ma fœur , c'eft fa voix qui m'apelle.*
Non , c'eft la liberté ; fecourons là , dit-elle ,
Peux-tu voir les exploits , la mort de ces Héros ,

Sans maudire ta vie, & ton lâche répos ?
Alors de quelques chefs l'armure abandonnée
Se préfente aux regards de la fœur indignée.
Elle ofe s'en faifir ; frapé de fa grandeur,
Le frere fent en lui naître la même ardeur.
Je les ai vus tous deux dépouiller leur parure,
Et paraître foudain revêtus d'une armure.
Quoi ! dit-elle, *nos mains épargnent nos tyrans !*
Voyez vos Citoyens, vos amis, vos parens;
Ils combatent : & nous, fommes-nous donc moins braves ?
Voulez-vous un moment refter encore efclaves ?
Cet afpect d'une femme & d'un Pontife armés,
En guerriers, en Héros, tout-à-coup transformés,
Etonne tout ce pofte, y jette un trouble étrange.
D'abord un petit nombre à leurs côtés fe range,
Ils enflâment le refte ; ils font prêts à partir ;
Et peut-être trop tard je te viens avertir ;
Mais voici l'Officier . . . .
(*le jour commence à paraître.*)

SCENE VI.

UN OFFICIER CHÉRUSQUE, ADELINDE, GISELLE.

ADELINDE à *l'Officier.*

C'Est toi qui l'as conduite ;
De fon emportement, parle, apren-moi la fuite.
Thufnelde ! eft-il poffible ?

L'OFFICIER.

Elle a tout entraîné.

Le parti des Romains contre eux eſt déchaîné.

ADELINDE.

Fille & ſœur ſans tendreſſe, elle trahit ſa mere,
Et dans ſa trahiſon précipite ſon frere !
Qu'allez-vous devenir, audacieux enfans ?
Pourrez-vous échaper aux glaives triomphans ?
Vous aimez mieux périr . . . ils périront ſans doute.

L'OFFICIER.

Thuſnelde de Varus promettait la déroute,
Alors qu'elle apperçoit Flavius qui la joint. ——
Arrête ! que veux-tu ? lâche, n'aproche point. ——
Ah ! je me rends, dit-il, à tes vertus ſublimes.
Souffre qu'à tes côtés je répare mes crimes.
Flavius défendra juſqu'au dernier moment
Nos Dieux, la liberté, tes jours & ton Amant. ——
Ton repentir me plaît ; vien, dit-elle. A ma vue
Comme un trait auſſi-tôt Thuſnelde eſt diſparue ;
Sa main des ennemis montrait les étendarts,
Aux Soldats qu'entraînaient ſa voix & ſes regards :
Soudain elle s'élance ; & le plus intrépide
Ne ſuit qu'avec effort ſon courage rapide.
Peut-être ſon grand cœur a déjà triomphé ;
Du feu qui l'animait tout était échauffé.

ADELINDE.

Inſenſible aux grandeurs que Rome lui prodigue,
Pour m'en ravir le fruit, mon fils même ſe ligue !
Ma fille ! Flavius ! . . . Dieux ! voilà de vos coups.
Vous rendez tous les cœurs barbares comme vous.

GISELLE.

O vous, dont tôt ou tard les vengeances éclatent,
Grands Dieux ! ſongez à moi, j'ai des fils qui combatent !

Ah! de quelles clameurs retentiffent ces lieux?
            (*On voit paffer quelques Romains*)
            L'OFFICIER.

Quel tumulte confus ! qu'annonce-t-il , ô Dieux ?
Eft-ce notre défaite ? eft-ce notre victoire ?
Ah ! j'ai part à la honte & non pas à la gloire !

SCENE VII.

LE CHEF DES CATES *fuivi des fiens*, ADELINDE,
    GISELLE, L'OFFICIER.
        *A l'afpect des Cates , les Chérufques qui ac-
        compagnent Adelinde & qui font au fond
        du Théâtre , s'avancent fur le devant du
        côté où fe trouve leur Officier.*

LE CHEF DES CATES *à fa Troupe , qui arrive en défordre.*

DE nos fiers ennemis l'efpoir eft confondu.
Hâtez-vous & courez fur le refte éperdu
De ces Efclaves prêts à devenir nos maîtres.
            (*en apercevant les Chérufques.*)
Mais que vois-je? frapez, exterminez ces traîtres.

        GISELLE *en fe jettant au-devant des Cates.*

Vos bras ne font-ils point affez enfanglantés ?
Sufpendez vos fureurs, ô Cates, arrêtez.
Punir des Citoyens, vous, étrangers ! vos titres
Sont d'être leurs vengeurs, & non pas leurs arbitres.

        LE CHEF DES CATES.

Soldats, ne frappez point , vous êtes des héros.

Tout traître doit périr par la main des bourreaux.
Qu'on les faififfent tous ; que tous chargés de chaînes,
Atendent du vainqueur les vengeances prochaines.

ADELINDE *tandis qu'on enchaîne l'Officier & fes Soldats.*

Tu fais charger leurs mains de fers injurieux.
Eh! qu'aurait fait de plus Varus victorieux ?

LE CHEF DES CATES.

Malheureufe, voilà celui que tu regretes.
Cache mieux les tranfports de tes fureurs fecretes.
Quoi! tu ne trembles pas !

(*Sigifmond paraît porté par des Soldats.*)
Voi ton fils expirant.
Ton cœur à cet afpect eft-il indifférent?

SCENE VIII.

SIGISMOND *mortellement bleffé*, ADELINDE, LE CHEF DES CATES, L'OFFICIER CHÉRUSQUE *enchaîné.*

ADELINDE.

SIGISMOND, ah! mon fils, toi, la trifte victime....

SIGISMOND.

Je t'ai trop obéi, ma mort eft légitime.

ADELINDE.

Si ton obéiffance eut fecondé mes foins,
De ta perte mes yeux feraient-ils les témoins ?
Tu meurs; tu ferais Roi,

SIGISMOND.

C'eſt un crime de l'être ,
Quand le Ciel pour régner ne nous a pas fait naître.
Je meurs pour ma patrie. Heureux ſi par ma mort,
Je garantis vos jours d'un plus funeſte ſort !

（ *On entend des cris de joie & le bruit des trompettes.*

Arminius s'avance ; & du moins mon oreille
Entend de ſon triomphe annoncer la merveille.
Les Dieux, dont je me ſuis atiré le courroux ,
Raviſſent à mes yeux un ſpectacle ſi doux.

ADELINDE

O mon fils ! … il expire.

（ *On emporte Sigiſmond ; & le bruit des trom-*
pettes & les cris de VICTOIRE *recommencent.*

O ſons pour moi terribles !
Ah ! qui me vengera de ces vainqueurs horribles !

SCENE IX.

ARMINIUS *précédé de pluſieurs Officiers qui portent l'ar-*
mure de Varus, & les aigles priſes ſur les Romains.
LE CHEF DES CHAUQUES, LE CHEF DES BRUC-
TERES, LES ACTEURS PRÉCÉDENS.

ARMINIUS.

DIEUX ! vòtre Peuple eſt libre & n'eſt plus avili.
L'eſpoir qu'il a conçu, vous l'avez accompli.
Ecartez à jamais loin de la Germanie
Tous les maux qu'après ſoi traîne la tyrannie.
Vous avez dans leur ſang éteint ſes défenſeurs ;
Nous ne gémiſſons plus ſous de fiers opreſſeurs.

A

A ces chênes facrés atachons leur dépouille ;
Ils la purifiront de l'horreur qui la fouille.

(en montrant l'armure de Varus.)

Celui dont cette armure enivrait la fierté,
Ofa s'en revêtir contre la liberté.

(en regardant les aigles.)

Aigles fieres jadis , maintenant abatues ,
Demeurez & rampez aux pieds de ces Statues ;
Que votre chûte aprenne à la poftérité
Ce que peut la valeur & la fidélité.

O vous , qui n'êtes plus ; Héros, que la victoire
Et la mort ont couverts d'une immortelle gloire,
C'eft au Ciel à payer tant d'exploits ructueux ;
La terre a maintenant moins d'hommes vertueux.
L'adverfité s'étend fur un jour fi profpere ;
Moi, la Patrie , & Vous, nous perdons tous un pere.
Ce Prince Citoyen, Ségifmar eft tombé.
Sa vertu, fa vieilleffe , ont enfin fuccombé
Sous les coups d'une main jeune & non plus vaillante
Que n'a pu repouffer la fienne défaillante. —
Mais ceffons de gémir ; fufpendons nos douleurs,
Je crois ouir fa voix qui condamne nos pleurs :
Ses mânes fatisfaits veillent fur nos cabanes.
Rome n'a plus ici d'admirateurs profanes.
Nous triomphons... mais toi qui nous fais triompher,
Dont le courage mâle a fu tout échauffer ,
Pourquoi ne viens-tu pas , illuftre & digne femme,
Recevoir le tribut qu'on doit à ta grande ame !
Je vous vois interdits ... Ah ! parlez, quel malheur....

LE CHEF DES BRUCTERES *en s'aprochant d'Arminius.*

Contre nos ennemis on dit que fa valeur,

F

Qui s'est trop obstinée au soin de les poursuivre,
L'a mise dans les fers, dont elle nous délivre.

ARMINIUS.

Thusnelde-prisonniere! ah! nous n'avons rien fait.
Hâtons-nois d'achever un triomphe imparfait.
Retournons au combat, ou plutôt à la gloire
D'une plus importante & plus prompte victoire.
Courons sauver Thusnelde....

   (*Arminius fait quelques pas, & les autres font*
   un mouvement pour le suivre.)

SCENE X.

FLAVIUS, LES ACTEURS PRÉCÉDENS.

ARRÊTE, Arminius.
Je suis digne de toi ; reconnais Flavius.
Aux derniers des Romains j'ai fait rendre les armes.
J'ai fait plus ; de l'amour j'ai su vaincre les charmes ;
J'étais dans l'esclavage & je viens d'en sortir.
Ren-moi ton amitié due à mon repentir.
Séduit par la tendresse, & trompé par la ruse ....

ARMINIUS.

Va, ton Chef te pardonne, & ton frere t'excuse.
Mais Thusnelde.... sui-moi.

FLAVIUS.

    Les Dieux, mon Général,
Qui viennent de confondre un ennemi fatal,
Mais qui voulaient te faire acheter la victoire,

Ne te la vendent pas fi cher que tu peux croire.
Deux Efcadrons, trois fois prêts à nous accabler,
Sous nos traits à la fin forcés de reculer,
Avec eux en fuyant entraînaient une proie,
Qui dans leur défefpoir eut mêlé trop de joie.
Je les ai pourfuivis ; & mon heureux deftin,
En reprenant fur eux un fi riche butin,
Achève ton bonheur, & comble leur ruine.

SCENE XI ET DERNIERE.

THUSNELDE *en habit de guerrier* ; LES ACTEURS
PRÉCÉDENS.

FLAVIUS *qui s'avance vers Thufnelde, qu'il prend par
la main.*

Approchez, paraiffez, belle & jeune Héroïne.
(*à Arminius*)
Reçoi des mains d'un frere ardent à te fervir,
Cet objet vertueux qu'il voulait te ravir.

THUSNELDE.

Il fauve ton Époufe, as-tu fauvé ma Mere ?

ARMINIUS.

Elle eft libre ; & fa vie en ce moment m'eft chere.

ADELINDE.

J'ai la tienne en horreur.

ARMINIUS.

Pren un cœur Citoyen ;
Qu'il foit l'ami du Peuple, & je ferai le tien.

ADELINDE.

Que ce Peuple aveuglé qu'entraîne ta furie,

F ij

Refte dans fa mifere & dans fa barbarie ;
De fa férocité que les fombres accès
Renouvellent ta rage, admirent tes fuccès ;
Avec fon propre fang qu'il cimente ta gloire ;
Qu'il célébre ton nom ; qu'il fouille ma mémoire ;
Qu'il me traite en efclave, en Germaine fans foi :
Va, je fuis plus fidéle & plus libre que toi.
Mon cœur chez les Romains n'a pas puifé leurs vices ;
Je ne leur ai jamais confacré mes fervices ;
Je ne les ai pas vus envers moi généreux
Pour méprifer leurs dons & les tourner contre eux.
Tu rougis.

ARMINIUS.

Ce n'eft pas de tes vaines injures.
Mais tu bleffes ce Peuple ; entens-tu fes murmures ?
Tremble que fon couroux . . . .

ADELINDE.

Qu'il fe hâte, il eft tems.
Qu'il prononce l'Arrêt de ma mort que j'attends.
Que ma grace par toi ne me foit pas offerte ;
Ah ! je l'accepterais pour confpirer ta perte.

THUSNELDE.

O Peuple, ô mon époux, pardonnez aux tranfports
D'un moment de fureur que fuivront les remords.

ADELINDE.

Des remords ! moi ! de fang fi ta gloire affouvie
Aux vertus de ton fexe eft encore affervie,
C'eft à toi d'en fentir & la honte & l'horreur.
Ofes-tu demander grace pour ma fureur,
Quand la tienne feignant d'être en pitié changée,
Comble le défefpoir où tu me vois plongée.

THUSNELDE.

Ah ! ma mere....

ADELINDE.

Ta mere ...ô Ciel!...tu n'en as plus.
Oublie un nom, des nœuds qui te font fuperflus;
Ton cœur n'en a jamais, dans fon indépendance,
Connu la fainteté, les droits ni la puiffance.
J'avais des partifans & de nombreux amis;
Grace à ta grandeur d'ame, ils font mes ennemis.
Elle a ravi le jour & le trône à ton frere;
Tu l'as féduit ... crois-tu féduire auffi ta mere?
Enflâme, entraîne encor par un charme fatal
De tes fiers Citoyens l'héroïfme brutal;
Continue, en marchant fur de fi nobles traces,
A mériter le cœur qui caufe mes difgraces.
Tous les deux contre moi reftez toujours unis.
Tu veux qu'on me pardonne; — & moi, je te punis.

(Elle fe tue, Thufnelde jette un grand
cri, & la toile fe baiffe.

Fin du cinquiéme & dernier Acte.

PERSONNAGES

De la Tragédie Allemande.

ARMINIUS, *Duc ou Géneral des Chérusques.*

SIGISMAR, *Pere d'Arminius.*

FLAVIUS, *Frere d'Arminius.*

SEGESTE, *Prince Chérusque.*

SIGISMOND, *fils de Ségeste, Prêtre d'Auguste.*

UN PRINCE DES CHAUQUES.

UN PRINCE DES CATES.

VARUS, *Préteur en Germanie.*

MARCUS, *jeune Romain.*

ADELAIDE, *Mere d'Arminius.*

THUSNELDE, *fille de Ségeste, fiancée à Arminius.*

La Scene est dans un bois sacré où l'on voit les Statues de Thuiskon & Mannus.

TRADUCTION LITTÉRALE
DU PREMIER ACTE
DE
L'ARMINIUS ALLEMAND.

SCENE PREMIERE.

ARMINIUS, SIGISMAR.

SIGISMAR. Eh bien, Arminius, écoute-moi, il est temps que tu fois atentif, & que tu faches pourquoi ton pere t'a conduit dans ce bois. S'il eft vrai, mon fils, que tu aies du courage & que tu veuilles le fignaler par de belles actions, apren ton devoir de ces Statues; que ton ame s'éleve à la vertu de ces héros. Voici la Statue de Thuiskon, là le monument de Mannus; c'eft en eux que le courage germain a commencé à s'illuftrer, nous tenons d'eux notre grandeur, notre fidélité, notre gloire; ils nous ont tranf- mis ce noble penchant, qui nous fait fuir la fauffeté & haïr la moleffe, qui ne connaît pas de loix & qui pratique cependant la vertu. Ce font eux à qui nous devons l'amour de la liberté & l'horreur de l'efclavage. Ton peuple vient de te metre au rang de ces héros; il t'a choifi pour Général. Je me fens encore capable de combatre à tes côtés. La Chérufquie, tu le vois, fait cas de ta bravoure; rempli le devoir qu'elle vient de t'impofer; ren toi digne d'un fi grand choix. Pren garde à deux chofes; il faut défendre ton Peuple contre l'ennemi & contre les vices. J'ai vu ce Peuple vertueux; les Dieux feuls favent ce qu'il va devenir. Rome qui veut par-tout dominer, corromt nos Princes à

E iv

force d'argent;elle leur aprend à eftimer l'or & à aimer les plaifirs. L'innocence & la fimplicité, qui feules ont rendu nos peres heureux & grands, l'une eft perfécutée, l'autre tournée en ridicule : foyons fideles à nos peres, en écartant les vices, dont on veut infecter leurs enfans. Il viendra un autre Peuple après nous ; & fi la fervitude l'acable, qui acufera-t-il? il maudira notre indolence. Songe, Arminius, fonge à ta poftérité, fers lui d'exemple ; qu'elle ne puiffe pas te reprocher de l'avoir trahie.

ARMINIUS. O mon pere, que j'ai rougi de fois à l'afpect de ces Héros; leur gloire a fouvent troublé mon fommeil. Chaque fois que la bouche des Bardes faifait retentir leurs louanges, la rougeur qui me montait au vifage, faifait connaître combien je fentais ma faibleffe;oui,je fuis trop faible pour ateindre à leur gloire ; & cependant je brûle de les égaler.

SIGISMAR. Tu le peux ; aie toujours leur vertu devant les yeux ; fonge à leur courage, à leur fermeté, à cette droiture de mœurs fans tâche, à cette fidélité qui veille fans ceffe pour le falut des Citoyens, à ces cœurs qui ne fe croyaient heureux qu'en faifant le bonheur des autres. Choifi maintenant les actions que ces héros feraient à ta place.

ARMINIUS. Eh bien, me voilà affez inftruit ; mon choix eft fait. Je m'éveille, mon pere, & je vois mon devoir. Eft-il poffible que mon cœur enflammé du défir de la gloire, en ait méconnu jufqu'ici la véritable route! Follement courageux, je combatais pour combatre ; je prêtais mon bras au peuple qui nous oprime ; c'eft pour fon intérêt feul que j'ai manié jufqu'ici l'épée ; ah! qu'il eût mieux valu tremper mon poignet dans fon fang. Ces grands hommes auraient-ils agi autrement ? Le bras de Thuiskon,

le courage de Mannus fe repoferaient-ils, & fouffriraient-
ils que cette Rome fi fiere nous imposât impunément des
Loix? ah! s'ils pouvaient fortir de leur tombe qui renferme tant de vaillance... mais que fais-je? j'atends qu'un
mort fe ranime. Ne ferais-je brave que pour Rome, &
lâche pour mes Citoyens, tandis que ce fier ennemi, comme s'il nous eût déjà vaincu, eft campé dans une parfaite
fécurité au milieu de nos champs; qu'il croit nous affujé-
tir comme le refte du monde; qu'il ofe s'ériger en Juge,
quand il s'éleve entre nous quelque difcuffion; que fa trahifon & fa rufe nous extorquent des ôtages,& qu'il femble
ne laiffer repofer fes armes, que pour mieux nous mar-
quer fon mépris.

Sigismar. Ajoute encore, lorfqu'il compte, en
affaibliffant en nous l'amour de la liberté, nous acoutumer
à fes vices, nous faire aimer la volupté, pour éteindre en
nous le courage, qui le met continuellement en alarme.
Eveillez-vous, Héros des anciens temps, levez-vous; vivez & foutenez votre Peuple.

Arminius. Vivez, ou infpirez-nous comment il
faut combatre... je fens renaître en moi leur antique courage; mes yeux pétillent de ce feu qui les animait, qui
effrayait leurs ennemis & que le Romain doit craindre.
Voici encore un bras, qui fait porter des coups affurés.
Pourquoi folliciter en vain le fecours des morts, puifque
le glaive, fi nous fommes Germains, peut nous fauver!

Sigismar. J'entens fortir de ta bouche ce que le
courage de nos peres leur infpirait. Vien, Arminius; tu
es digne de venger l'afront fait à la Germanie. Embraffe-
moi; laiffe un libre cours au plaifir que je fens. C'eft dans
ce moment que mon cœur jouit des foins que j'ai pris

pour t'élever. Ils n'ont pas été inutiles. Sois le soutien de ton
pere; fois l'apui de ton Peuple. La vieilleffe me rend faible;
je fens encore une ardeur qui me trompe; mon courage
me refte, & je n'ai plus de force. Jeune homme, j'étais
libre; vieillard, ferais-je efclave? Notre ennemi ofe
nous braver, jufqu'à citer nos Princes mêmes à fon
Tribunal.

ARMINIUS. Et mon pere, ira-t-il...

SIGISMAR. Non, je n'ai pas vécu fi long-tems;
pour que la poftérité dife: le Prince Sigifmar a fervi Rome
fur la fin de fes jours. Irais-je courbé, comme fi je l'étais
par la peur, paraître dans le camp de Varus? Me tiendrai-je
debout devant mon ennemi, comme s'il était mon Sei-
gneur? Et lorfque tout autour de moi, je verrais briller
au milieu des faifceaux odieux la hâche meurtriere, fuis-je
fait pour trembler devant un Préteur? Je ne fuis pas le
feul, qui fe croit trop grand, pour s'abaifer devant lui;
n'as-tu pas vu toi-même le couroux qui animait tous les
cœurs, lorfque l'Envoyé de Varus vint pour nous citer devant fon Tribunal; ce Peuple qui ne s'était affemblé qu'à
la priere de Varus, ne vit qu'avec horreur cette priere
changée en ordre. Le Chérufque a fenti de plus près l'afront;
c'eft cet afront qui t'a fait nommer Général, & qui a réu-
ni avec nous les Chauques & les Cates. Il excita la colere
de tous ceux qui en furent les témoins. Ton Peuple fut mis
à la tête de la confédération. La perte des Romains ne dépend plus que de ton courage; & ce même jour, fi le deftin ne nous afaiblit, nous verra infultés, reveillés, armés
& vengés.

ARMINIUS. Sûrement, mon pere, ce font nos
Dieux qui aveuglent l'efprit de Varus & qui vont nous

procuter la liberté; allons, ne foyons point endormis; que ce foit pour fa perte, qu'il ait invité ici l'élite de tant de nations!

SIGISMAR. Mon fils, il n'y a que la prudence qui puiffe bien guider notre bras; un courage féroce fe nuit fouvent à foi-même. Mon confeil doit donner de la vigueur à ton bras, ton bras à mon confeil; fi la force me manque, j'ai de l'expérience. Ton frere vient. Ah! Dieux, faites briller dans tous les yeux ce fier courage ou ce noble couroux, qui me charme dans Arminius.

SCENE II

SIGISMAR, ARMINIUS, FLAVIUS.

FLAVIUS. Mon pere, il eft tard; d'où vient qu'on ne fe prépare pas pour aller au camp de Varus?

SIGISMAR. Mon fils, es-tu Germain?

FLAVIUS. Pourquoi cette demande? ne fuis-je pas ton fang? que puis-je dire de plus?

SIGISMAR. La réponfe eft aifée; parle, que te dit ton cœur?

FLAVIUS. Mon pere, je fuis Germain, & cependant je ne hais pas Rome.

SIGISMAR. Qui ne hait pas Rome, ne fait pas aimer les Germains. Pourquoi partager ton cœur? tu ne peux être fidele que par un dévouement entier, fois tout Romain ou tout Chérufque; choifi.

FLAVIUS. Il eft donc impoffible de les réunir; & nous n'irons pas aujourd'hui au camp de Varus?

Sigismar. Mon fils, j'ai vécu du temps de Céfar, devant qui toute la terre & Rome même a tremblé ; c'était là un tout autre Héros que ces ames lâches, qui ne font nées que pour tourmenter l'Univers par leur avarice ; qui fieres de leurs victoires remportées par des mains étrangeres, fe repofent dans une volupté honteufe; qui ne fe laiffent point toucher par une noble ambition, & qu'une foif démefurée des richeffes peut feule tirer du repos. Mais Céfar & fa gloire ont pu porter l'effroi dans le refte du monde ; non pas ici ; il avait affez de force pour nous vaincre, & non pour nous intimider. Jamais fes menaces n'ont fait plier Ariovifte ; jamais il ne s'eft avili, en fe courbant devant la puiffance de Céfar, qui l'invita vainement de venir auprès de fa perfonne. Céfar s'eft entendu dire ce qu'entend maintenant Varus : non, difait Ariovifte, fi j'avais envie de voir Céfar, je ne ferais pas trop fier pour l'aller trouver ; Céfar peut faire de même, fi Céfar me demande.

Flavius. Rien n'eft pourtant plus aifé que d'acorder à Varus ce léger fervice.

Sigismar. Un léger fervice devient péfant, s'il ataque l'honneur.

Flavius. Qui fait fi l'intention de Varus eft de nous faire une infulte.

Sigismar. Un Prince libre ne doit-il pas avoir honte d'obéir ? & dois-je recevoir la loi de Juges étrangers?

Flavius. Nous demeurerons libres, quand bien même Rome nous prêterait fes loix.

Sigismar. Qui reçoit les loix de Rome, devient fon efclave.

Flavius. Rome nous inftruit dans les arts & dans

les sciences, elle dompte les mœurs féroces.

SIGISMAR. Rome chasse l'innocence de nos bien-heureuses cabanes.

FLAVIUS. J'ai vu Rome, & j'en ai bonne opinion.

SIGISMAR. Je ne l'ai point vue, & je la connais mieux que toi.

FLAVIUS. Tu rejetes donc les arts, qui cependant rendent les Peuples heureux.

SIGISMAR. Maudit soit le génie, s'il est l'apui du vice! Mon fils, le Ciel donne du génie à l'homme, comme un moyen pour parvenir au bonheur; c'est une faveur céleste, dont l'esprit humain a détourné le véritable but; ce qui lui est donné pour servir à sa félicité, ne fait qu'augmenter ses besoins. A peine le poli des arts a-t-il fait disparaître la dureté des mœurs, que le cœur, enclin au plaisir, toujours ingénieux à se le procurer, amateur du luxe & des richesses, oubliant le bonheur d'autrui & ne songeant qu'au sien propre, s'amolit, au point que l'intérêt l'emporte sur la fidélité due à la patrie, & une oisiveté lâche sur l'amour actif de la gloire. Tout courage, toute vigueur s'anéantit, & ce qui s'est élevé par les arts, tombe en ruine par les arts mêmes. Voilà le point de vue sous lequel tu dois, mon fils, envisager Rome, & c'est le seul qui puisse t'être avantageux.

FLAVIUS. Tu veux donc que le Germain habite éternellement de pauvres cabanes?

SIGISMAR. J'aime mieux être libre dans ces cabanes que servir dans des palais.

FLAVIUS. Je suis outré que Rome me traite de barbare.

SIGISMAR. Tu es aſſez policé, ſi tu ſais faire la guerre.

FLAVIUS. Rome m'aprendra mieux à la faire.

SIGISMAR. Tu te trompes; il eſt vrai que ſon génie augmentera le nombre de tes armes; mais ſa volupté affaiblit le bras qui s'en ſert; & qu'eſt-ce que la ſcience dans la guerre, ſans la vigueur & le courage :

FLAVIUS. De quelle utilité eſt mon courage, ſi perſonne n'en parle,

SIGISMAR. Tu comptes donc pour rien d'être honoré de ton Peuple ?

FLAVIUS. Si je ſais acquérir de ſublimes ſciences, je ſerai bientôt renommé par tout l'Univers.

SIGISMAR. Et s'il ne te regarde que comme un lâche & un efféminé ?

FLAVIUS. Rome ne m'écartera jamais de la route que me trace ma bravoure & mon courage; je fuirai ſes vices; je ne me livrerai qu'à ſes arts.

SIGISMAR. Tu comptes trop ſur toi-même. Qui écoute des Maîtres corrompus, s'expoſe au danger.

FLAVIUS. Eprouve-moi, mon pere, & tu verras ſi je ſuis lâche.

SIGISMAR. Eh bien, réfléchi donc à quoi tu t'obliges. Il eſt impoſſible que tu ſois en même temps héros & eſclave; ſi tu es courageux, il faut délivrer ton Peuple; c'eſt en ſervant Rome qu'elle te regardera avec mépris; épouvante-là ſi tu veux qu'elle t'admire; ſi tu cherches la gloire, elle ſera ton partage. Condui bien tes actions, & laiſſe le ſoin de ta réputation au Peuple. Moi-même je ſuis plein d'eſpoir. Je compte que ma gloire s'agrandira après ma mort, quoique la fermeté de mon efprit qui n'eftime que la vertu, s'opofe à la molefle étrangere. Je m'en vais affermir ce Peuple Germain dans fon courage. Arminius, fai voir aujourd'hui la noblefle de ton cœur, fois l'enne-mi des Romains, & tu verras qui de Flavius ou de toi ac-querra plus de gloire.

SCENE III.

ARMINIUS FLAVIUS.

Aᴿᴹᴵᴺᴵᵁˢ. Voilà donc quel fruit Flavius a reti-ré du féjour de Rome. Son cœur généreux ne connaît plus fon devoir. Il quite la vertu, dont il faifait tant de cas autrefois, & fe livre au génie de Rome, qui lui aprend à devenir infidéle. Le nom que Rome t'a offert & qui eft fi doux à tes oreilles, ne l'as-tu donc accepté que pour que ton bras pût fans remords combatre tes Citoyens ? N'as-tu quité ton nom Germain, que par la crainte qu'il ne manifef-tât ta trahifon envers ton propre Peuple? J'ai reçu comme toi des leçons de Rome; j'ai vu fes jeux. Autant de fois que quelque animal féroce que l'on animait au combat, courait dans l'arene; chaque fois qu'un couple bouillant de Gla-diateurs, fe trouvait fur le terrein aplani, & que fur des chars légers la courfe des chevaux entraînait la troupe d'une jeunefle vive au but victorieux ; m'as-tu vu jamais indif-férent à ces plaifirs ? Mais que le ciel ne permette jamais, lorfque mon devoir exige le facrifice de mon fang, que je trahifle l'intérêt de mon Peuple par amour pour la pom-pe de vains jeux.

Fʟᴀᴠᴵᵁs. Ah! Arminius ne tourmente pas l'ame de ton frere. Quand la Germanie déclarera la guerre à

Rome, je faurai faire mon devoir. Cependant puis-je tout-à-coup m'arracher à mon penchant? Rome n'a-t-elle pas auffi le droit de me regarder comme un de fes enfans, tant que notre main eft ornée de cet anneau qui doit nous rappeller que nous fommes au nombre de fes Citoyens & de fes Chevaliers?

ARMINIUS. Garde-toi de me parler de cette vaine faveur; crois-tu que je penfe avec plaifir à ma fervitude. C'eft la liberté qui m'annoblit & non un pays étranger. Je jure dans ce bois, foyez en témoin, ô Dieux! je jure de garder ce figne de ma honte, jufqu'à ce que j'aie délivré par le fer mon Peuple de l'efclavage, & moi-même du titre de Citoyen de Rome; & que victorieux, j'aporte à vos pieds, avec mon anneau, tous ceux des Romains que j'aurai abatus!

FLAVIUS. Tu ne fonges pas que Varus a des Otages.

ARMINIUS. Tu veux parler de Thufnelde, que le vil Ségefte a livrée aux Romains, Ségefte qui vient d'éfacer la gloire qu'il s'était acquife dans fa jeuneffe. Ah! le traître a confié aux ennemis comme gage de notre fervitude, cette même Thufnelde, qu'il m'a promife en mariage. Mais pourvu que les Dieux ne s'opofent pas à mon courage, j'arracherai aujourd'hui Thufnelde de leurs mains; je la reverrai; fi non, j'en punirai celui qui l'a trahie. Vien, ferais-tu feul lent à combatre pour la Patrie, quand tous les Citoyens fe hâtent de prendre les armes?

FLAVIUS. Qui vois-je arriver? c'eft Marcus. Soufre, mon frere, que je fatisfaffe encore une fois à l'amitié.

ARMINIUS. Fai ce que tu voudras; mais crain que le temps de la gloire ne s'écoule pour toi.

SCENE

SCENE IV.

MARCUS, FLAVIUS.

MARCUS. C'eſt toi, Flavius. Je me ſuis écarté du chemin pour voir ce bois, & je t'y rencontre. Ah! quel bonheur me procure ma curioſité!

FLAVIUS. Vien, cher Romain; tout mon ſang bouillonne; mon cœur palpite;ta vue reveille en moi l'idée de Rome & de tous ſes plaiſirs, que j'ai quittés avec regret. Ah! votre ſociété, l'eſprit qui regne dans vos diſcours, vos jeux, la magnificence de vos repas, cruel ſouvenir! qui change à mes yeux ces contrées en de véritables déſerts. Comment as-tu pu t'arracher aux agrémens de cette ſuperbe Ville, & t'exiler dans un pays qui ne préſente que des forêts, où l'on découvre à peine quelques cabanes? A qui dois-je le bonheur de te voir?

MARCUS. Je viens de chez Varus.Embraſſons-nous d'abord; & demande-moi après ce que tu voudras; ton ami te répondra.

FLAVIUS. De chez Varus! ah! mon cher ami, garde-toi de m'embraſſer. Je ſuis peut-être ton ennemi, & obligé à te haïr.

MARCUS. Tes craintes ſont mal fondées; quire cette inquiétude; car notre bonté ne vous permet pas d'être nos ennemis.

FLAVIUS. Ah! pardonne, ma crainte eſt trop bien fondée; Rome aime la paix; elle eſt prête de nous aimer. Mais, helas! le cœur de mon pere ne ſent pas votre généroſité. Il regarde comme un devoir de vous être contraire; il aime la liberté, & ſon ame eſt pleine de

G

fouci. Il craint que la haine & la rufe n'empruntent l'apa-
rence de la générofité. Il eft ennemi des arts , parce que le
génie & le vice lui paraiffent trop fouvent liés. Rien ne
peut rompre fa réfolution , ni votre douceur , ni vos bienfaits, ni vos promeffes , ni tout ce que vous pouvez tenter.

MARCUS. S'il a été inflexible jufqu'aujourd'hui , il va
ceffer de l'être. Il n'y a maintenant que deux chofes à votre
choix. L'effort & la réfolution généreufe de Varus doivent
produire en vous de la reconnaiffance ou de l'ingratitude.
Si vous ne vous rendez pas dans fon camp ; il vous con-
fiera fa perfonne ; il viendra trouver vos Chefs ; on doit
déjà avoir ramené vos Otages. Sigifmond eft décoré du
titre de grand facrificateur. Varus a fait des préfens ma-
gnifiques à Thufnelde.

FLAVIUS. Thufnelde revient ?

MARCUS. Quelle ardeur me font apercevoir dans
ton ame , ton regard plein de trouble & ce vifage qu'une
rougeur fubite a faifi.

FLAVIUS. Eft-il poffible ! mon regard t'a-t-il annoncé mon tourment. Eh bien ! c'eft donc en vain que je t'ai
caché jufqu'ici le feu qui me brûle ; mon œil m'a trahi,
ma bouche t'en fait l'aveu. Mais ce n'eft pas une flâme
Germaine que Thufnelde a allumée en moi ; ce n'eft pas
une flâme que mon courage puiffe éteindre , qui me laiffe
maître de moi-même , qui ne dérange point mes occupa-
tions , qui ne nuit pas à mon devoir, qui muette dans les
regards , incapable de foupirs , fe fait uniquement entendre par une déclaration froide. J'aime avec toute l'ardeur dont j'ai vu que les cœurs étaient fufceptibles à Rome;
monfeu me domine, il m'ordonne ce que je dois éviter ; il
m'entraîne ; je ne fais qu'obéir & fouffrir , & pour comble

de tourment, celle que j'adore, eft promife à mon frere.

MARCUS encourage Flavius à fe livrer à fon amour,
en lui difant que fi les hommes n'avaient pas de faibleffe ,
ils, fe croiraient des Dieux ; & qu'il faut qu'ils fentent
qu'ils font hommes. Flavius répond qu'il ne le fent que trop
par les autres paffions dont il eft quelquefois agité , telles
que la colere , la joie, la trifteffe , l'ambition, la honte ,
&c. Il dit enfuite à Marcus de venir avec lui & de déclarer
le fujet de fa commiffion ; il efpere que la douceur des Ro-
mains gagnera fa patrie , & qu'il n'aura pas le tourment de
devenir traître ou à fon Pays, ou à Rome. Telle eft la fin
premier Acte de l'Arminius Allemand.

FIN.

www.ingramcontent.com/pod-product-compliance
Lightning Source LLC
Chambersburg PA
CBHW060634100426
42744CB00008B/1628